IAN CLAZIE

PORTFÓLIO DIGITAL
DE DESIGN

**UM GUIA PRÁTICO PARA APRESENTAR
SEUS TRABALHOS ONLINE**

Portfólio digital de design

Título original: *Creating Your Digital Design Portfolio*

Copyright © RotoVision SA 2010

Direitos reservados
para a língua portuguesa pela
Editora Edgard Blücher Ltda.
2011

A meu pai

FICHA CATALOGRÁFICA

Clazie, Ian
    Portifólio digital de design / Ian Clazie
[tradução Edson Furmankiewicz]. -- São Paulo: Blücher, 2011.

      Título original: Creating your digital design portfolio.
      ISBN 978-85-212-0600-2

      1. Arte digital 2. Arte por computador 3. Design
    4. Design auxiliado por computador
    I. Título.

11-04196   CDD-745.4028507

Índices para catálogo sistemático:
1. Design digital: Artes 745.4028507

Blucher

Rua Pedroso Alvarenga, 1245, 4º andar
04531-012 - São Paulo - SP - Brasil
Tel.: 55 11 3078-5366
editora@blucher.com.br
www.blucher.com.br

Segundo Novo Acordo Ortográfico, conforme 5. ed. do *Vocabulário Ortográfico da Língua Portuguesa*, Academia Brasileira de Letras, março de 2009

É proibida a reprodução total ou parcial por quaisquer meios sem autorização escrita da editora.

Todos os direitos reservados pela Editora Edgard Blücher Ltda.

IAN CLAZIE

PORTFÓLIO DIGITAL DE DESIGN

UM GUIA PRÁTICO PARA APRESENTAR SEUS TRABALHOS ONLINE

Blucher

Sumário

INTRODUÇÃO　　　　　　　　　　6

ESTRATÉGIA　　　　　　　　11

Capítulo Um:
Desenvolva uma estratégia　　　12

Conheça seu ramo de negócio　　　　　　　　12
Conheça os diretores de criação, arte e design　　14
Crie seu "discurso de elevador"　　　　　　　16
Como você vai usar seu portfólio?　　　　　　18
Coloque mensagens claras em seu site　　　　20
Forneça uma clara descrição de seu trabalho　　22
Crie um portfólio com aparência profissional　　24
Encontre um conceito forte para seu site　　　　26
Capture seu público　　　　　　　　　　　28

Capítulo Dois:
Implemente sua estratégia　　　30

Considere uma solução temporária　　　　　　30
Crie um portfólio em seis etapas　　　　　　　32
Serviços gratuitos de criação e hospedagem de
　　portfólios　　　　　　　　　　　　　　34
As principais categorias de estrutura de conteúdo　40
Arquitetura da informação　　　　　　　　　48
Design de navegação　　　　　　　　　　　50
Exibição de descrições　　　　　　　　　　52
Otimização da área de tela　　　　　　　　　54
Usabilidade　　　　　　　　　　　　　　56
XHTML, CSS e JavaScript　　　　　　　　　58
Trabalhando com Flash　　　　　　　　　　60
Players de vídeo e janela "caixa de luz"　　　　62
Colaborando com o desenvolvedor　　　　　　64
Colaboração em massa (*crowdsourcing*)　　　　66
Hospedagem Web　　　　　　　　　　　　68
Reveja sua estratégia　　　　　　　　　　　70
Encontre material de referência inspirador　　　72
Amplie o foco　　　　　　　　　　　　　74
Estreite o foco　　　　　　　　　　　　　76
Esboce suas ideias　　　　　　　　　　　　78
Crie impacto visual　　　　　　　　　　　　80
Construa um protótipo　　　　　　　　　　82

Galeria da Seção Um　　　　　　　84

CONTEÚDO　　　　　　　　　91

Capítulo Três:
O que incluir　　　　　　　　　92

Demonstre seu processo criativo　　　　　　　92
Ilustre o alcance de suas habilidades　　　　　96
Um portfólio bem focado　　　　　　　　　100
Quanto é demais?　　　　　　　　　　　102
Desenvolvendo novos trabalhos para seu portfólio　104
Preparando as imagens para visualização digital　108
Filmando para seu portfólio　　　　　　　　110
Digitalizando　　　　　　　　　　　　　112
Trabalhando com vídeo　　　　　　　　　114
Declarando seu objetivo　　　　　　　　　116
Descrições de projeto　　　　　　　　　　118
Estudos de caso　　　　　　　　　　　　120
Biografia e currículo　　　　　　　　　　　122
Mantendo um blog　　　　　　　　　　　124
Informações para contato　　　　　　　　126

Capítulo Quatro:
Aspectos jurídicos e ética　　　128

Trabalho realizado para um empregador anterior　128
Lei de direitos autorais: protegendo seu trabalho　130
Trabalhos derivados e uso aceitável　　　　　134
Dando o crédito aos colaboradores　　　　　136

Galeria da Seção Dois　　　　138

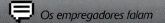 Os empregadores falam   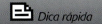 Dica rápida   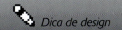 Dica de design   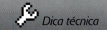 Dica técnica

COLOCANDO ONLINE 145

Capítulo Cinco:
Lançando seu portfólio 146

Pré-lançamento (*soft launch*)	146
Teste o site inteiro	148
Obtenha feedback	150
Conectando-se com potenciais empregadores	152
Apresentando seu portfólio pessoalmente	154
Apresentando pelo telefone	156
Discutindo seu trabalho	158
Perguntas a fazer em entrevistas	160
Material autopromocional	162
Fazendo o acompanhamento após as entrevistas	164

Capítulo Seis:
Obtendo o máximo do seu portfólio 166

Destaque-se da multidão	166
Evite erros comuns de apresentação	168
Autopromoção online	170

Galeria da Seção Três 172

MANUTENÇÃO 179

Capítulo Sete:
Mantendo seu portfólio 180

Fazendo upload do novo trabalho	180
Protegendo peças impressas	182
Armazenando arquivos digitais	184

Recursos	186
Colaboradores	188
Índice	190
Agradecimentos	192

Introdução

O objetivo deste livro é ajudar designers gráficos, ilustradores e outros profissionais de criação a navegar pelo desafio de criar um portfólio digital. Ele contém conselhos práticos para começar seu trabalho em um formato digital portátil pronto para compartilhar na Web. Ele também discute o pensamento por trás da criação de um portfólio, seus objetivos e sua estratégia de comunicação.

Existe um segundo propósito em jogo aqui: o livro também serve como um catálogo de portfólios de exemplo cuidadosamente escolhidos para inspiração e referência. Alguns dos exemplos são portfólios de pessoas e alguns são sites de estúdio de design, mas as lições a serem aprendidas com esses sites são universais.

Em termos simples, este livro é sobre a construção de portfólios digitais eficientes. Quanto melhor seu portfólio, mais fácil será sua entrevista com potenciais empregadores e clientes.

1//

2//

Talvez você ainda esteja se perguntando: por que entrar na era digital? Há muitos benefícios em ter um portfólio digital. Isso significa que qualquer pessoa pode acessar seu trabalho a qualquer momento e de qualquer lugar, tornando-o altamente portátil. Um rápido email de um avaliador para outro é tudo o que é necessário para propagar suas capacidades, criatividade e informações de contato.

Outras vantagens incluem a capacidade de alterar os dados e conteúdo de forma rápida e fácil, sem ter que redistribuir qualquer material físico. Você também ganha a capacidade de criar links para informações, sites, projetos ativos e colaboradores online relevantes.

Ter um portfólio digital também pode ajudar a modernizar a sua marca pessoal, uma vez que isso demonstra um conhecimento prático de comunicação digital e tecnologia. Na maioria dos casos, parecer estar atualizado pode criar uma imagem favorável para um potencial empregador ou cliente.

3//

Dependendo do que você está tentando alcançar, a capacidade de gerar tráfego "orgânico" em seu site portfólio pode ser essencial. Tráfego orgânico são visitas de pessoas que chegam ao seu site via um mecanismo de pesquisa ou seguindo um link de outro site. Vamos discutir maneiras de estimular o tráfego orgânico e conversações digitais que podem beneficiar seus objetivos de negócio.

Seu portfólio é como um palco. O momento antes de ser avaliado é parecido com o instante antes que a cortina se abra. Seu público não sabe o que esperar. Se o trabalho que você está apresentando é a peça em si, então seu portfólio é o palco e os cenários. Ter um portfólio tradicional não digital é um pouco como ter seu palco localizado em uma pequena cidade do interior. Ter um portfólio digital é mais parecido com ter um palco na Times Square.

1// *Ryan Zunkley, ryanzunkley.com*

2// *Adam Rix, adamrix.com*

3// *GrandArmy, grand-army.com*

O que é particularmente interessante em mostrar seu trabalho online é que trabalhos que demonstram grande criatividade são reconhecidos e comentados mais facilmente na Web. Pode não acontecer da noite para o dia, mas se seu trabalho é original, inspirador ou instigante, colocá-lo na Internet acabará por levar a comentários, conversas, colaborações e clientes.

Para chegar lá, primeiro vamos desenvolver uma estratégia e, então, nós vamos usar táticas inteligentes para implementar a estratégia e construir um portfólio digital. Discutiremos a abordagem correta para preencher um portfólio com seu trabalho e, por fim, vamos explorar maneiras de tirar o máximo proveito do seu portfólio. Aqui você encontrará conselhos práticos e inspiradores que o capacitarão a produzir um portfólio digital profissional e útil que comunica a mensagem certa sobre você.

O conteúdo deste livro pode ser dividido de outra forma: ele oferece ajuda para criar um portfólio digital profissional com rapidez e facilidade para quem não precisa reinventar a roda, e ajuda para, bem... reinventar a roda.

É importante cobrir o básico e o cobrir bem e, então, tornar-se criativo e mergulhar fundo. Se você é naturalmente propenso a mergulhar fundo em vários assuntos ao mesmo tempo, este livro explica como evitar que você se afogue completamente.

Criar um portfólio e expor seu trabalho pode gerar ansiedade. Muitas vezes, você vai querer saber o que as pessoas realmente pensam do seu site. Elas estão escondendo sua verdadeira reação? É aqui que o pensamento por trás daquilo que você está tentando fazer pode realmente ajudar. Se você iniciar o processo fazendo-se algumas perguntas básicas — que vamos abordar na primeira seção deste livro —, você deve achar mais fácil levar em conta um feedback e lidar com uma potencial rejeição, se ou quando você não for contratado para o emprego dos sonhos.

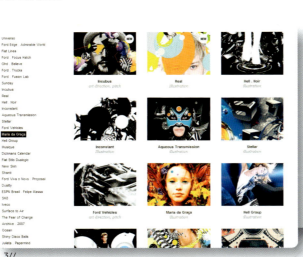

Este livro foi concebido para inspirar, e para instruir. Não deixe que todos os detalhes técnicos o atrapalhem se você estiver se sentindo empolgado e pronto para mergulhar fundo. Tentar seguir todas as recomendações deste livro é provavelmente impossível. Dito isso, saiba que regras você pode quebrar e quando isso pode ser útil. Definir metas específicas e quantificáveis para você mesmo irá pavimentar o caminho para as decisões importantes que você vai precisar tomar. Vamos começar com a pergunta "O que você quer alcançar?"

1// *Jan Pautsch.Lilienthal, thismortalmagic.com*

2// *Trevor Van Meter, tvmstudio.com*

3// *Danilo Rodrigues, cargocollective.com/danilorodrigues*

ESTRATÉGIA

Capítulo Um:
Desenvolva uma estratégia

- Conheça seu ramo de negócio 12
- Conheça os diretores de criação, arte e design 14
- Crie seu "discurso de elevador" 16
- Como você vai usar seu portfólio? 18
- Coloque mensagens claras em seu site 20
- Forneça uma clara descrição de seu trabalho 22
- Crie um portfólio com aparência profissional 24
- Encontre um conceito forte para seu site 26
- Capture seu público 28

Capítulo Dois:
Implemente sua estratégia

- Considere uma solução temporária 30
- Crie um portfólio em seis etapas 32
- Serviços gratuitos de criação e hospedagem de portfólios . 34
- As principais categorias de estrutura de conteúdo 40
- Arquitetura da informação 48
- Design de navegação 50
- Exibição de descrições 52
- Otimização da área de tela 54
- Usabilidade 56
- XHTML, CSS e JavaScript 58
- Trabalhando com Flash 60
- Players de vídeo e janela "caixa de luz" 62
- Colaborando com o desenvolvedor 64
- Colaboração em massa (*crowdsourcing*) 66
- Hospedagem Web 68
- Reveja sua estratégia 70
- Encontre material de referência inspirador 72
- Amplie o foco 74
- Estreite o foco 76
- Esboce suas ideias 78
- Crie impacto visual 80
- Construa um protótipo 82

Galeria da Seção Um 84

ESTRATÉGIA

Capítulo Um:
Desenvolva uma estratégia

- Conheça seu ramo de negócio — 12
- Conheça os diretores de criação, arte e design — 14
- Crie seu "discurso de elevador" — 16
- Como você vai usar seu portfólio? — 18
- Coloque mensagens claras em seu site — 20
- Forneça uma clara descrição de seu trabalho — 22
- Crie um portfólio com aparência profissional — 24
- Encontre um conceito forte para seu site — 26
- Capture seu público — 28

Capítulo Dois:
Implemente sua estratégia

- Considere uma solução temporária — 30
- Crie um portfólio em seis etapas — 32
- Serviços gratuitos de criação e hospedagem de portfólios — 34
- As principais categorias de estrutura de conteúdo — 40
- Arquitetura da informação — 48
- Design de navegação — 50
- Exibição de descrições — 52
- Otimização da área de tela — 54
- Usabilidade — 56
- XHTML, CSS e JavaScript — 58
- Trabalhando com Flash — 60
- Players de vídeo e janela "caixa de luz" — 62
- Colaborando com o desenvolvedor — 64
- Colaboração em massa (*crowdsourcing*) — 66
- Hospedagem Web — 68
- Reveja sua estratégia — 70
- Encontre material de referência inspirador — 72
- Amplie o foco — 74
- Estreite o foco — 76
- Esboce suas ideias — 78
- Crie impacto visual — 80
- Construa um protótipo — 82

Galeria da Seção Um

ESTRATÉGIA

Formar uma estratégia para seu portfólio digital é um passo importante se você quer tirar o máximo proveito do resultado final. Para atingir seus objetivos, você precisa criar algo que vai ajudá-lo a se conectar com seu público-alvo. Adquirir conhecimentos sobre seu ramo de negócio e seus potenciais empregadores e clientes é um bom lugar para começar sua pesquisa.

Ao construir um portfólio digital, é recomendável cobrir o essencial primeiro, antes de ir além. Vamos discutir o que é esse essencial e, então, passar para os detalhes do design digital da experiência do usuário, algumas considerações técnicas e, por fim, maneiras de fazer as coisas mais criativamente.

CAPÍTULO I: Desenvolva uma estratégia

CAPÍTULO UM: Desenvolva uma estratégia
Conheça seu ramo de negócio

Criar seu próprio portfólio é um pouco parecido com qualquer outro projeto de criação que você possa empreender. Existem certas informações essenciais que seu *bricfing* deve conter. Como você é designer e cliente neste projeto, você terá que responder a seguinte pergunta para si próprio: Quem é seu público-alvo?

Para criar um portfólio eficiente, você precisará de uma estratégia baseada em suas ideias sobre quem são seus prospectivos empregadores e o que eles estão procurando. Você precisa descobrir:

1. O que eles esperam ver em relação ao tipo de função ou projeto ao qual você está se candidatando para desempenhar ou realizar? (Quais são as exigências básicas que realmente precisam ser atendidas?)
2. O que provavelmente irá surpreendê-los num sentido favorável? (Como você pode impressioná-los de modo a poder se destacar da multidão?)

Para descobrir onde está seu público-alvo, você deve ter alguma ideia sobre o tipo de trabalho que está procurando e sobre o ramo de negócio em que ele reside. Conhecer o contexto em que seus potenciais empregadores operam ajudará você a formar sua estratégia.

Como esse pensamento é aplicado na prática? Aqui estão algumas perguntas sobre as quais refletir ao considerar as pessoas que você deseja atingir:

1. O mundo dessas pessoas é dinâmico e caótico, ou controlado e reflexivo?
2. Elas operam em uma área onde a qualidade e o domínio de uma arte são colocados acima de tudo, ou o impacto comercial, a praticidade e a comunicação clara têm prioridade?
3. O ramo de negócio específico que você visa segue uma velha e conhecida trilha ou se distancia dela, e quanto se distancia? Que valor eles dão à originalidade *versus* a execução competente de processos testados e aprovados?

2//

Por exemplo, imagine que você está procurando um ilustrador para um trabalho editorial com periódicos exclusivos, bem peculiares e feitos quase artesanalmente. O provável diretor de arte que você visa deve ter a perspectiva de que a originalidade é uma alta prioridade.

Por outro lado, se você é um designer gráfico procurando design impresso corporativo, incluindo relatórios anuais, uma parte fundamental de sua estratégia será enfatizar seu profissionalismo e responsabilidade.

Se ramos de negócio que você visa englobam uma grande variedade de contextos, considere uma estratégia baseada na flexibilidade, facilidade de navegação e informações claras sobre seu trabalho e as funções que você desempenhou em projetos colaborativos, a fim de garantir que seus potenciais clientes ou empregadores possam facilmente encontrar os exemplos de trabalho relevantes para eles.

1// Michele Angelo, superexpresso.com
Este designer atuando em Barcelona coloca ênfase no trabalho artístico exclusivo e de alta qualidade para atrair clientes à procura de algo novo.

2// Monica Brand and Francisco López, mogollon-ny.com
Demonstrar seu trabalho em vários contextos pode indicar sua capacidade de assumir um projeto por inteiro e inspirar confiança em sua capacidade de realizá-lo.

CAPÍTULO UM: Desenvolva uma estratégia

Conheça os diretores de criação, arte e design

Depois de fazer alguma pesquisa sobre o ambiente do seu público-alvo, considere os próprios indivíduos. Bons designers de sites sempre fazem um esforço para se colocar na pele de quem vai utilizar seus sites. Navegar por um site é diferente de ler um livro ou uma revista ou de assistir televisão. Quando uma pessoa está à frente de um computador, com distrações como a maciça quantidade de informações e entretenimento na Web e o constante fluxo de comunicação via email, mensagens instantâneas e outros meios, é muito mais difícil disputar sua atenção e foco.

Você tem literalmente frações de segundo para causar uma boa primeira impressão sobre um potencial empregador. Diretores de criação, diretores de arte, diretores de design e clientes diretos geralmente têm uma característica em comum: se eles estão procurando alguém para contratar, parte da razão disso é que eles têm mais trabalho do que podem fazer e são extremamente ocupados. Isso encurta seu tempo de atenção ainda mais.

O que isso significa para seu portfólio?

- Faça a primeira impressão ter importância.
- Coloque seu melhor trabalho na frente.
- Facilite para o visitante encontrar o caminho de volta.
- Facilite para ele conhecer suas habilidades e funções.
- Facilite para ele manter contato com você.

Vamos cobrir todos esses aspectos em detalhes neste livro.

1//

Portanto, se essas qualidades são verdadeiras para a contratação da maioria de profissionais em todos os ramos de negócio, o que dizer sobre as pessoas específicas que você pretende alcançar? Se você está à procura de trabalho em um ambiente de agência, vale a pena saber como as agências estão estruturadas. Você sabe a diferença entre um diretor de criação e um diretor de arte no tipo de agência que você está visando? O que é exatamente um diretor de design?

Na maioria dos contextos, um diretor de criação é responsável pela idealização, comunicação e estratégia de criação como um todo. Os diretores de arte e design são os responsáveis pela execução das ideias, mensagens e estratégia. A diferença entre um diretor de arte e um diretor de projeto está aberta à interpretação; mas, um diretor de arte, em um contexto de publicidade pelo menos, costuma ser uma pessoa com experiência em redação ou criação de texto, enquanto um diretor de design costuma ser um designer com experiência em gerência.

Se você estiver se candidatando a um cargo em uma agência, pense em quem deve avaliar os candidatos para essa função e considere a provável origem e orientação dessa pessoa. Se está procurando trabalhar diretamente com clientes, a gama de perspectivas é ainda maior. Um cliente pode ter que trabalhar diretamente com um profissional de marketing voltado para a comunicação. Outro pode vê-lo lidando com alguém em recursos humanos. Quanto mais amplo o tipo de público, maior a necessidade de flexibilidade, usabilidade e de mensagens claras. Tenha em mente que se sua meta é chegar a clientes diretos, uma abordagem ampla e um pouco mais neutra pode ser mais prática na geração de mais negócios do que uma abordagem que enfatiza sua originalidade e sua capacidade de pensar fora dos "caminhos batidos".

2//

1// Firstborn, firstbornmultimedia.com
Quando você conhece seu público, você pode falar com ele diretamente. No caso da Firstborn, o público são os clientes diretos que precisam saber que eles estão contratando um líder na área deles.

2// Hello Monday, hellomonday.net
Como a Hello Monday, considere consultar fontes de inspiração nas descrições do seu trabalho a fim de indicar o nível de pensamento que você coloca em seus projetos.

Crie seu "discurso de elevador"

Seu "discurso de elevador" é uma descrição do que você faz nos termos mais diretos possíveis. Em alguns casos, é uma descrição do que você gostaria de fazer ou ser pago para fazer. Dessa forma, sua abordagem de autopromoção pode funcionar como uma declaração de objetivos.

Escrever uma clara declaração de objetivos é um pouco parecido com o desafio que uma empresa iniciante enfrenta na definição do seu modelo de negócio. Um bom conselho é ir direto ao ponto quando descrever onde seu foco reside. Se o avaliador ficar com muitas dúvidas ao analisar seu portfólio, ele rapidamente passará para outro candidato. Essas dúvidas surgem pelo fato de ele não saber o que você faz nem o que você pode fazer por ele.

1//

Escreva uma declaração em que você acredita e não tenha medo de colocá-la logo no início:

> "Designer gráfico, ilustrador e cartunista *freelancer*."
> "Design têxtil, design de embalagens e fotografia é o que eu faço."
> "Muitas ideias brilhantes, designs atraentes e conceitos modernos são criados aqui."

Você deve ser capaz de descrever o que você faz em 25 palavras ou menos. Caso contrário, precisará se esforçar muito para atrair a atenção de uma pessoa que está com pouco tempo disponível e só quer saber se você será o único que ela avaliará ou não.

2//

Dica técnica

A interface do seu portfólio não é o único lugar onde seu "discurso de elevador" será útil para orientar os visitantes — o título das páginas HTML também é um bom local. Colocar uma versão ainda mais condensada entre as tags <title> dentro da área <head> em um arquivo HTML fará com que o texto apareça no topo da janela do navegador, na descrição de um atalho ou um favorito, e nos resultados de pesquisas do Google.

Levando isso um passo adiante, você pode colocar todo seu discurso de convencimento dentro da tag <meta name="Description"...>, que também será lida pelo Google e aparecerá como a sinopse abaixo do link para seu site em uma página de resultados de pesquisa. Se você ignorar esse aspecto da tecnologia das páginas Web, os mecanismos de pesquisa irão procurar por qualquer texto que apareça na sua página para usar como sinopse do seu site. Palavras como "portfólio", "sobre" e "contato" não dizem muito sobre você nem sobre o que está oferecendo.

Dica rápida

Se o tipo de trabalho que você faz exige que você se encontre pessoalmente com os clientes, é importante indicar sua localização desde o início. Considere a possibilidade de adicioná-la ao final de sua declaração de objetivos. Por exemplo: "Design gráfico e design de embalagem em São Francisco". Tornar clara essa informação extra ajuda a pessoa certa a encontrá-lo rápida e facilmente.

1// *Juan Diego Velasco, juandiegovelasco.com*
Esse site oferece uma das melhores e mais eficientes maneiras de receber seus visitantes entre os milhares de portfólios digitais que há por aí.

2// *Orman Clark, ormanclark.com*
Direta e descritiva, essa introdução deixa poucas questões sem resposta.

17

CAPÍTULO UM: Desenvolva uma estratégia

Como você vai usar seu portfólio?

Um portfólio é como uma ferramenta no sentido de que ajuda a criar coisas. De modo geral, ele ajuda a criar oportunidades de trabalho. É importante descobrir o tipo de oportunidade de trabalho que você está tentando criar com ele para melhor determinar o tipo de ferramenta de que você necessita.

Eis um exercício rápido: responda as seguintes perguntas da melhor forma que puder no momento. Talvez você precise voltar a este exercício depois de fazer um pouco mais de reflexão e pesquisa.

Pretendo usar meu portfólio mais como...

A)   ... beneficiar-me dos visitantes do meu site.

B)   ... ou será essencialmente uma extensão da minha marca?

Preciso de algo que...

A)   ...gere seu próprio público,

B)   ... ou usarei isso apenas para pessoas específicas verem?

Precisarei...

A)   ... de uma mala direta...

B)   ... ou será essencialmente uma extensão da minha marca?

Se você respondeu mais A que B, talvez enfrente um caminho um pouco mais desafiador. Mas, você abrirá seus olhos para um novo mundo — os domínios do marketing digital e das redes sociais. Esteja ciente de que qualquer incursão feita aqui pode exigir um pouco de paciência; na maioria dos casos, as maiores recompensas surgem mais à frente na estrada. Dito de outra forma, quanto mais esforço você dedica, mais recompensas provavelmente você obterá.

Se você respondeu mais B que A, talvez tenha uma tarefa bastante simples em suas mãos. Muito provavelmente, você se beneficiará de um site bem apresentado que você pode indicar para avaliadores individuais para conseguir uma entrevista e expor pessoalmente seu trabalho.

Exemplos de táticas de determinação da estratégia:

Se tráfego orgânico é necessário (cenário A), ter uma clara declaração de objetivos inicial torna-se ainda mais importante. Incorporar um blog pode ajudar a melhorar sua posição nos resultados de uma pesquisa de um mecanismo de busca, o que terá um efeito bola de neve sobre seu tráfego.

Se você tem uma vasta gama de habilidades e precisa personalizar seu portfólio para se adequar rapidamente a diferentes abordagens de se promover e a diferentes entrevistas, esta é uma consideração importante para identificar de antemão.

Como veremos nas seções a seguir, há abordagens que se prestam mais ou menos a facilitar mudanças rápidas de conteúdo. Algumas soluções, especialmente portfólios altamente conceituais feitos sem componentes padronizados, podem ser difíceis de atualizar rapidamente com conteúdo diferente.

Dica rápida

Se você estiver se posicionando para trabalho freelance ou montando um negócio, pode ser muito importante ter seu próprio nome de domínio (isto é, "seunome.com"). Se você está à procura de emprego, isso é menos importante. Pense em seu endereço Web como uma extensão da sua marca. Uma vantagem específica de um nome de domínio exclusivo, conciso e fácil de lembrar é que seu site será mais facilmente encontrado, quer seja por divulgação boca a boca ou por pesquisa online.

1// Guðmundur Bjarni Sigurðsson, gummisig.com
Exemplo de um site que visa gerar interesse de tráfego orgânico (cenário A).

2// Sean Freeman, thereis.co.uk
Exemplo de um site que faz pouco para atrair visitantes ocasionais e tem um apelo mais de nicho (cenário B).

19

CAPÍTULO I: Desenvolva uma estratégia

Coloque mensagens claras em seu site

P: Quais são os ingredientes essenciais de um portfólio bem-sucedido?

"Mantenha tudo simples e elegante. Os projetos devem ser apresentados em uma passada de olhos com uma breve nota sobre o trabalho, a tarefa, o papel desempenhado pelo candidato, e um link se for digital e não uma miscelânea de referências preguiçosas."

—Elke Klinkhammer, diretor de criação, Neue Digitale, Alemanha

Falamos sobre como criar seu "discurso do elevador" e a importância de ser capaz de declarar sucintamente o que você faz e quais são seus objetivos. Ter mensagens claras sobre seu site — o design da informação que comunica suas capacidades e objetivos aos visitantes — é um ingrediente essencial para um portfólio eficiente.

1//

Uma abordagem poderia ser:

1. Anote aquilo em que você é bom.
2. Anote aquilo em que você quer ser bom.
3. Mescle os dois.
4. Agora, torne-os mais concisos.
5. Injete um pouco de personalidade.
6. Revise tudo.
7. Coloque em um lugar de destaque do site, de modo que seja uma das primeiras informações que as pessoas leiam.

Ter mensagens claras sobre seu site facilita para as pessoas saber quem você é e o que você pode fazer por elas.

1// Ray Sison,
skilledconcept.com
Você não pode ficar sem saber quais são as funções do profissional de criação.

2// Ronnie Wright,
ronniewright.co.uk
Aqui, mensagens claras transmitem não só informações, mas também a personalidade.

Exemplos de proposições objetivas que utilizam mensagens claras:

"Experiente diretor de arte publicitária em Londres com formação em design gráfico."

"Ilustrador *freelancer* em Chicago agora disponível."

"Fotógrafo de moda."

Se isso lhe parecer apenas a adoção de um rótulo quando você não se acha rotulável, tudo bem. Há momentos em que é melhor deixar de fora a descrição do que você faz porque seu trabalho fala por si. Para a maioria das portfólio*s*, porém, é útil ter algumas palavras simples e claras para oferecer aos visitantes, uma maneira fácil de eles começarem a descobrir quem você é, o que você faz e se querem contratá-lo.

2//

Dica de design

Se planeja usar o design tipográfico para integrar seu "discurso de elevador" em sua interface, tenha em mente os fundamentos do design tipográfico e do design de informações, e seja cauteloso se eles não forem seus pontos fortes. Seu trabalho pode ser excelente, mas se o design em torno da sua mensagem é ruim, ele vai refletir negativamente sobre você. Atenha-se aos seus pontos fortes e considere o seguinte como guia:

1º Na hierarquia das informações: seu nome.

2º: Seu "discurso de elevador", declarado de maneira simples, sem erros nem ambiguidades.

3º: Seu melhor trabalho.

4º: Acesso rápido e fácil ao resto do seu trabalho e mais informações sobre sua experiência e suas habilidades.

CAPÍTULO UM: Desenvolva uma estratégia

Forneça uma clara descrição de seu trabalho

Descrever seu trabalho nas legendas ao lado de cada peça apresentada em seu portfólio é uma boa oportunidade para informar um avaliador sobre suas capacidades e processos de pensamento. Você deve incluir estas informações importantes:

1. Título do projeto
2. Nome do cliente
3. Sua função (e os devidos créditos dos outros colaboradores)
4. O *briefing*
5. Ideia chave
6. Sua solução
7. Resultados
8. Links relevantes

Isso pode parecer muita informação para incluir em cada peça, mas cada um desses pontos pode ser descrito de forma muito sucinta (quanto mais sucinto, melhor). Um avaliador lendo rapidamente um parágrafo está à procura de fatos importantes, não querendo ler romance.

3//

Considere esta possível estrutura para ter uma ideia de como esses elementos se amarram:

- Título do projeto
- Nome do cliente
- Sua função
- O *briefing* no mínimo de palavras possível. A ideia chave que define a frase seguinte que, por sua vez, irá descrever como você respondeu ao *briefing*. Uma frase para resumir rapidamente como você escolheu resolver esse *briefing*. Uma breve menção a como o cliente se sentiu sobre o trabalho ou como foi seu desempenho, se houver uma forma de medir esse resultado particular.
- Link para um site relacionado

Para peças que foram criadas como projetos pessoais, a mesma estrutura pode se aplicar e ser igualmente eficaz:

- Título do projeto
- Projeto pessoal
- Sua função, etc.

Dica técnica

Se você quer gerar tráfego orgânico obtendo uma boa classificação de página no Google, experimente utilizar as técnicas de Search Engine Optimization (SEO), incluindo a otimização de palavras-chave. O software do Google irá rever seu site e criar um índice das palavras em suas páginas. As descrições do seu trabalho são um excelente local para incluir as palavras que você acha que as pessoas usarão para encontrá-lo.

1// *Sean Freeman,*
thereis.co.uk
As descrições podem ser bem concisas e continuar eficazes.

2// *Firstborn,*
firstbornmultimedia.com
Uma abordagem mais completa.

3// *Wonderwall,*
wonder-wall.com
A estrutura consistente facilita o processamento das informações.

23

Crie um portfólio com aparência profissional

As realidades comerciais que seus potenciais empregadores enfrentam os levam a buscar aliados profissionais para encarar esses desafios. Uma maneira de se apresentar como um profissional seguro, bem informado e confiável é garantindo que seu portfólio digital tenha uma aparência limpa, profissional e convidativa. Há momentos para quebrar todas as regras, incluindo essa. Mas se você optar por quebrá-la, considere que a aparência do seu portfólio diz muito sobre o que significaria dar o emprego a você.

Então o que exatamente é uma aparência profissional para um portfólio?

É útil aqui considerar alguns "contêineres" de portfólios do mundo real que armazenam peças de comunicação visual para ter uma ideia do assunto. O que as pastas de portfólio e as galerias de arte têm em comum? Ambas tendem a ser limpas e minimalistas, ter cores suaves e ser altamente funcionais. Elas são assim para que o trabalho se destaque. Essas são maneiras testadas e comprovadas de não fazer a "embalagem", a forma de apresentação, ofuscar o conteúdo.

Quando vale a pena quebrar essa regra? Quando a própria embalagem é uma parte significativa da demonstração de suas habilidades. Tome cuidado se você seguir esse caminho, há algumas armadilhas, como veremos mais adiante no livro.

2//

Os principais elementos de uma interface Web profissional são:

1. Boa tipografia
2. Elementos de interface fáceis de usar e bem projetados
3. Equilíbrio de cor e layout
4. Clara hierarquia das informações
5. Clara identidade por todo o site, incluindo seu nome em um local consistente e destacado

Há uma enorme variedade de exemplos de interfaces de portfólio com aparência profissional por aí que são tudo menos chatos. Para ver alguns, visite *www.clazie.com/digital*portfolio*s*

Dica de design

Um erro comum que os designers não digitais cometem ao criar sua primeira interface digital é colocar o design visual acima do design da interação e da usabilidade. Seu site precisa se destacar em ambas as disciplinas. Tente evitar interfaces arrojadas, mas confusas. Da mesma forma, uma interface altamente usável, mas inexpressiva, não vai dizer muito sobre seu gosto e suas habilidades em design visual.

1// *X3 Studios,*
x3studios.com
O X3 Studios demonstra profissionalismo por meio do uso da tipografia arrojada e uma interface limpa.

2// *Anton Repponen*
repponen.com
Esse portfólio minimalista, mas atraente e altamente funcional é hospedado pelo serviços de portfólio on-line gratuito Cargo Collective (ver página 35).

Encontre um conceito forte para seu site

Se você está lendo esta página, é porque não está satisfeito em apenas cobrir o básico. Você quer fazer algo novo, diferente, inovador e exclusivo. Bom para você. Talvez você seja avesso a ter um portfólio que se assemelha ao de qualquer outra pessoa, ou talvez você simplesmente queira fazer tudo que puder para se destacar da multidão.

Ao chegar a uma boa ideia central, você vai descobrir que muitas das decisões de design que você precisa tomar ao longo do caminho vão chegar de forma coesa. Uma boa ideia central fornece uma estrutura sobre a qual montar sua execução criativa.

Por onde começar? Pense em uma ideia central. Colocada em execução, ela se torna um conceito. No mínimo, você poderia considerar um tema. Vamos nos concentrar em obter um bom conceito.

O que exatamente é um conceito e como obter um? Um conceito pode ser muitas coisas. Poderia ser uma metáfora visual, em que os elementos da interface se tornam acessórios cênicos, em um palco, que imitam alguns aspectos da vida real. Ou pode ser algo totalmente estranho. Um conceito pode ser mágico, ilustrativo, minimalista, ou eclético... As possibilidades são infinitas.

Para chegar a uma ideia, primeiro junte inspiração e, então, reúna várias ideias, em vez de uma ideia perfeita. Isso ajuda a aliviar a tensão. Lembre-se de que o processo de *brainstorming* deve ser uma experiência positiva. Se for crítico no processo, você restringirá o fluxo natural das ideias. Colete diversas ideias vagas ou esquemáticas e você descobrirá que a técnica de se distanciar e depois voltar a elas vai gerar novas ideias, que, por sua vez, desencadearão outras. Você sempre pode voltar mais tarde para avaliar e eliminar as mais fracas.

Uma nota de atenção: os elementos básicos que acabamos de discutir ainda são apenas isso — elementos básicos —, assim, não vire as costas para eles. Se você sacrificar qualquer um desses pontos importantes visando mostrar o quão inteligente você pode ser, talvez acabe disparando todo tipo de alarme entre os avaliadores. Faça o que fizer, certifique-se de rever a sua estratégia original para garantir que você não está minando seus objetivos tomando uma determinada direção. Mas chega de cautela. Pegue um lápis e inicie um *brainstorming*. Vamos entrar em mais detalhes sobre o processo de geração de ideias no Capítulo Dois.

2//

3//

1// *Dave Werner,*
okaydave.com
A metáfora visual de um livro de recortes confere uma característica quente e tátil a este site.

2// *Darek Nyckowiak,*
thetoke.com
O site de Darek emprega vários modos de visualização em três dimensões para criar uma experiência convincente.

3// *Scott Hansen,*
iso50.com
O trabalho de Scott é nostálgico e cuidadosamente elaborado, assim como o design da interface de seu site.

27

Capture seu público

As primeiras impressões realmente contam. Você tem apenas uma fração de segundo para causar uma boa impressão em um avaliador. Certifique-se de colocar seu melhor trabalho bem no início, ou, se sua intenção é ser inovador com seu design de portfólio, crie algo que realmente vá chamar a atenção dos visitantes.

Uma maneira de criar impacto visual é começar com um *motion reel*, isto é, um vídeo resumido de demonstração do seu trabalho. Isso pode ser um desafio para ser criado, se você não tem as habilidades necessárias; mas, quando bem realizado, o efeito é impressionante. Um *motion reel* não é muito complicado se seu trabalho envolve animação gráfica (*motion graphics*), animação tradicional ou desenho interativo, uma vez que esses meios de comunicação prestam-se naturalmente para apresentação em forma de vídeo.

Design gráfico estático e ilustração podem ser apresentados como vídeo usando técnicas de animação gráfica para formar transições entre as peças combinadas com legendas tipográficas. Agregue efeitos sonoros e/ou uma trilha musical que complementa seu estilo e você está pronto para incorporar o vídeo na porta da frente do seu site.

Animação em Flash pode ser usada para criar impacto visual em movimento interativo e uma interface que parece estar viva, respondendo a cada rolagem e clique do mouse. Crie uma animação introdutória de má qualidade e você vai cair vítima da temida doença "pular introdução" — os visitantes perdem a paciência e procuram um botão para levá-los direto ao seu trabalho, isso quando não vão simplesmente embora para outro site.

3//

Introduzir um conceito de navegação, como uma ilustração que abre seções de seu portfólio, pode ser outra maneira de aumentar a experiência visual geral e destacar-se da multidão. Note que esta abordagem implica que você criou a ilustração, portanto, usar trabalho de outra pessoa de maneira tão destacada não é o ideal.

Cuidado ao escolher causar um impacto visual forte porque, se o resultado não tiver alto nível de qualidade de design, você corre o risco de parecer amador — exatamente o oposto da aparência profissional que a maioria dos avaliadores julga tão importante.

Para mais sobre técnicas específicas e informações técnicas sobre como criar um design visando impacto visual, veja o Capítulo Dois.

1// Serial Cut,
serialcut.com
Imagens de fundo que se estendem para todos os lados na janela do navegador maximizam o impacto visual.

2// Resn,
resn.co.nz
O site de Resn é uma experiência visual bastante exótica e original.

3// Wonderwall,
wonder-wall.com
O mosaico de imagens em miniatura do Wonderwall cresce quando você passa o mouse sobre ele, criando grande impacto visual.

29

CAPÍTULO DOIS: Implemente sua estratégia
Considere uma solução temporária

Talvez a busca por um emprego iminente tenha feito com que você se apressasse para criar um portfólio digital do seu trabalho, talvez você esteja simplesmente preocupado que um portfólio completo, com todos os recursos sofisticados que você quer, levará um ano para ser criado e você quer ter algo no lugar nesse meio tempo. É interessante considerar o uso de um dos muitos serviços gratuitos que estão disponíveis para criar e hospedar um portfólio online a fim de começar de maneira rápida, barata e fácil.

1//

Há outras razões para considerar o uso de um serviço gratuito existente como uma solução temporária: isso não apenas fornece um bom exercício prático para preparar o conteúdo do seu portfólio, como também lhe dá uma demonstração clara das qualidades da apresentação de um portfólio digital padrão da área. Bem, pelo menos os melhores fazem isso.

Os serviços que discutiremos se dividem em três categorias: serviços profissionais de portfólio, redes sociais e blogs. Serviços profissionais de portfólio são melhores para entender o estilo de apresentação e os elementos de interface que compõem o padrão do setor e fornecem parâmetros de profissionalismo. Redes sociais abrem um mundo de conexões online para ganhar clientes, colaboradores e admiradores. Blogs podem ser adaptados como plataformas de portfólio e prestam-se a qualquer pessoa interessada em um modelo de publicação digital em que ilustrar um histórico de atualizações é essencial.

O que é bom para profissionais de criação é que existem alguns serviços gratuitos a considerar e você pode experimentar quantos quiser. Na maioria dos casos, se você gostar do serviço gratuito e quiser desbloquear os recursos para que seu portfólio atinja um maior número de pessoas, você deve pagar uma pequena taxa de assinatura que pode muito bem valer a pena.

Os seis passos nas páginas 32-33 irão guiá-lo pelo processo de criação de um portfólio online gratuito e as revisões nas páginas 34-39 o ajudarão a decidir qual serviço escolher.

Dica rápida

Se estiver pensando em investir bastante tempo na criação do seu portfólio porque você não tem muitos trabalhos para mostrar e quer impressionar os avaliadores com aquilo que você pode fazer com o material, considere isto: invista esse tempo em uma atribuição inventada e utilize uma solução de portfólio profissional pronta e gratuita. Os avaliadores apreciarão ver um trabalho relacionado ao mundo real mais do que uma atribuição de criação de portfólio em que você é seu próprio cliente — um cenário não muito prático.

1// Marc Atlan, krop.com/marcatlan Compare o site Krop (as duas imagens de cima) com o site personalizado principal de Marc (as duas imagens de baixo) em marcatlan.com.

CAPÍTULO DOIS: Implemente sua estratégia

Crie um portfólio em seis etapas

1. Prepare seu trabalho

Crie imagens digitais das partes que você quer mostrar. Os formatos JPEG ou PNG-24 de alta qualidade funcionam melhor na maioria dos casos. Se seu trabalho não for digital, você terá de fotografar ou digitalizar as partes. Tome o cuidado de utilizar técnicas de iluminação profissional e use uma câmera de boa qualidade. Posicionar o trabalho ligeiramente inclinado em relação à câmera pode ser uma maneira fácil de introduzir alguma profundidade à sua apresentação geral.

2. Crie uma conta gratuita

Escolha um dos serviços gratuitos descritos nesta seção e siga os passos simples para criar sua conta. Isso pode demorar em torno de dois e dez minutos. Serviços de portfólio gratuitos geralmente são projetados para serem fáceis de usar; se tiver problemas, você sempre pode criar uma nova conta ou mudar para um dos outros serviços.

3. Personalize

Como parte da sua personalização, você terá de preparar sua biografia e currículo para incluir nos locais apropriados. Siga as instruções para escolher as configurações que você deseja, alcançando a aparência mais personalizada possível. As versões gratuitas da maioria dos serviços oferecem algumas configurações básicas que permitem modificar a aparência visual do seu portfólio. Normalmente, você pode escolher entre os modelos estabelecidos; em alguns casos, você pode controlar a tipografia e as cores.

4. Carregue seu trabalho

Seguindo novamente as instruções, comece a carregar seu trabalho parte por parte. Alguns dos serviços gratuitos limitam o número de partes que você pode carregar. Assim como acontece com muitos outros recursos, os limites são atenuados ou totalmente removidos com o serviço especial, pelo qual você tem de pagar.

Escolha e ordene seu trabalho cuidadosamente. Faça sua lição de casa para descobrir o que os potenciais empregadores querem ver e inclua isso. Se o processo e o raciocínio forem importantes para os tipos de funções que você busca, inclua croquis e sequências.

5. Anote seu trabalho

É importante que os avaliadores saibam qual foi sua participação em cada parte. Utilize as ferramentas fornecidas para exibir informações sobre o cliente, o *brief*, sua função no projeto, materiais ou habilidades técnicas utilizadas e quaisquer outras informações que você considere relevantes. Seja minucioso, mas conciso, lembrando-se de que os empregadores geralmente tem pouco tempo disponível e precisam obter as principais informações rapidamente.

6. Revise e refine

Agora você tem um portfólio digital, mas não pare aí. Obtenha feedback e refine sua personalização, suas anotações e suas escolhas por trás das peças que você está mostrando. Uma boa tática é perguntar, no final de uma entrevista, aos potenciais empregadores se eles têm alguma dica para seu portfólio. Seja receptivo e tenha uma mente aberta e você ganhará uma visão útil sobre como a apresentação do seu trabalho está sendo percebida.

CAPÍTULO DOIS: Implemente sua estratégia

Serviços gratuitos de criação e hospedagem de portfólios

Há vários serviços gratuitos disponíveis online para criar e hospedar seu portfólio. Apresentamos, a seguir, um resumo de alguns dos melhores serviços disponíveis, listados por tipo.

Serviços de portfólios profissionais

Os seguintes serviços são utilizados para criar portfólios online adequados para designers gráficos, ilustradores, fotógrafos e outros profissionais de criação. A marca deles quase não aparece e eles permitem que sua identidade ocupe o centro do palco. Na maioria dos casos, você pode atualizar para um serviço especial baseado em assinatura para obter mais recursos, personalização e controle.

Carbonmade, carbonmade.com

Este é fácil de usar e extremamente rápido de configurar. Em termos dos recursos, o resultado final não é tão sofisticado quanto alguns dos outros. A seção "About" ("Quem sou"), contendo suas informações pessoais, fica um pouco escondida e você fica relativamente limitado na quantidade de detalhes que podem ser exibidos para cada parte. O serviço gratuito limita o número de imagens a 35 ao longo de cinco projetos. Você obtém um endereço Web limpo e personalizado. Se optar por mostrar seus designs com poucas informações extras, talvez essa seja a sua melhor aposta.

Facilidade de instalação e manutenção:	9/10
Aparência profissional:	6/10
Personalização:	4/10
Exposição a networking:	3/10
Classificação geral:	6/10

deviantART's Portfolio, portfolio.deviantart.com

O deviantART's Portfolio, a Awesome Version, oferece um bom equilíbrio entre versatilidade, profissionalismo, simplicidade e usabilidade. Como acontece com muitos serviços similares, há um serviço gratuito e um especial. Uma pequena desvantagem é que pode ser um pouco complicado navegar pela instalação. Como resultado, esse serviço poderia demorar mais para ser configurado do que outros e poderia exigir um pouco mais de experiência com aplicativos baseados na Web. Depois de concluir, o resultado final é bem profissional. Como um bônus, você obtém exposição a toda uma rede de profissionais de criação do deviantART.

Facilidade de instalação e manutenção:	6/10
Aparência profissional:	9/10
Personalização:	6/10
Exposição a networking:	8/10
Classificação geral:	8/10

Krop Creative Database, krop.com/creativedatabase

Esse é um serviço gratuito muito bom com a opção de atualizar para uma versão baseada em assinatura. Você pode criar um portfólio de aparência profissional com biografia e currículo, um aplicativo de navegação e legendas. Ele é rápido e fácil de configurar e fornece um bom resultado final com um endereço Web personalizado e limpo. O Krop posiciona-se como um serviço profissional, para criar e hospedar portfólios.

Facilidade de instalação e manutenção:	8/10
Aparência profissional:	9/10
Personalização:	7/10
Exposição a networking:	4/10
Classificação geral:	7/10

Cargo Collective, cargocollective.com

Possivelmente o melhor de todos os mundos, esse serviço oferece facilidade de manutenção de conteúdo além de ampla personalização. Há vários modelos para escolher como ponto de partida, com diversos controles específicos. Como o Tumblr (ver página 39), há um recurso 'seguir' que permite organizar guias sobre outros membros Cargo. Esse serviço é bem cotado entre seus usuários.

Facilidade de instalação e manutenção:	9/10
Aparência profissional:	9/10
Personalização:	9/10
Exposição a networking:	7/10
Classificação geral:	9/10

1//

2//

1// Brianna Garcia,
briannagarcia.daportfolio.com
O portfólio de Brianna está em um
perfil do deviantART Portfolio.

2// David Arias,
krop.com/davidarias
Krop Creative Database fornece
modelos limpos, minimalistas e
arrojados.

Redes sociais

Semelhantes aos serviços profissionais de portfólio listados, esses sites permitem criar um perfil gratuito e mostrar seu trabalho. A diferença é que esses sites são voltados para a comunidade, o que significa que sua própria identidade ocupa um lugar modesto na identidade da rede. Há uma ênfase em juntar amigos e seguidores na rede, e você descobrirá vários recursos de rede social usados amplamente como a capacidade de os visitantes deixarem comentários sobre seu trabalho. Essa abordagem pode ser ou não apropriada para você. Ela pode ser percebida como menos profissional em um sentido tradicional, mas tem outros benefícios incluindo o *networking*, o compartilhamento de ideias e informações e a visibilidade entre potenciais empregadores.

Behance Network, behance.net,

Inscrever-se no Behance Network lhe dá um portfólio gratuito com recursos padrão, mas pouca personalização da apresentação. Você aparece automaticamente na rede onde outras pessoas de criação podem encontrá-lo e segui-lo, e os potenciais empregadores podem revisar seu trabalho. O formato de portfólio consiste em uma interface principal no estilo galeria com páginas que rolam para fornecer detalhes quando os avaliadores se aprofundam. Ele suporta uploads de imagens e vídeo. O site inseriu alguns detalhes cuidadosamente pensados no lado administrativo razoavelmente avançado, como um tutorial rápido para ver antes de usar o editor de conteúdo.

Facilidade de instalação e manutenção:	7/10
Aparência profissional:	7/10
Personalização:	7/10
Exposição a networking:	9/10
Classificação geral:	8/10

Coroflot, coroflot.com

O Coroflot oferece uma interface limpa e boa com uma localização proeminente, mas não exagerada, para sua biografia. Como ele ainda é sobre a comunidade, sua identidade recebe uma posição um pouco modesta no Coroflot, mas você ganha os benefícios de fazer parte de uma comunidade de profissionais de criação.

Facilidade de instalação e manutenção:	7/10
Aparência profissional:	7/10
Personalização:	7/10
Exposição a networking:	7/10
Classificação geral:	7/10

deviantART, deviantART.com

Um dos sites mais populares de rede social de profissionais de criação, o deviantART é um espaço agitado com todo tipo de energia criativa. Às vezes, ele beira o estilo de experiência do MySpace, o que talvez não seja a aparência profissional que você deseja. O pisca-pisca dos banners publicitários também não ajuda. Essa é uma experiência divertida e gratificante para as pessoas certas? Sem dúvida. É uma opção viável para um portfólio de aparência profissional? Provavelmente não. É melhor conferir a ferramenta profissional de portfólio que o deviantART criou para isso.

Facilidade de instalação e manutenção:	6/10
Aparência profissional:	1/10
Personalização:	4/10
Exposição a networking:	7/10
Classificação geral:	4/10

Flickr, flickr.com

Essa é sem dúvida uma das redes sociais voltadas para a criatividade mais populares de todos os tempos. Destinada a ser essencialmente uma plataforma de organização e compartilhamento de fotos, o Flickr pode ser usado para hospedar um portfólio digital muito facilmente. Esse site pode ser uma opção adequada se você quiser participar de uma comunidade ativa, positiva e criativa. Sua identidade vai ter um lugar modesto na rede. Para alguns avaliadores, isso talvez pareça uma opção barata. Mas, se você se esforçar para construir boas visualizações do seu trabalho aí, com a quantidade certa de informações sobre suas habilidades e funções, o Flickr pode ser uma plataforma eficaz.

1// Mike Chan,
behance.net/mike7
Um portfólio popular no Behance.

Facilidade de instalação e manutenção:	7/10
Aparência profissional:	6/10
Personalização:	2/10
Exposição a networking:	8/10
Classificação geral:	6/10

2// Adam Mulyadi,
coroflot.com/public/individual_details.
asp?individual_id=282174
O Coroflot fornece uma interface
simples e limpa.

37

1//

RedBubble, redbubble.com

RedBubble é um tipo de comunidade voltada a artes e ofícios, com uma ênfase poderosa no comércio eletrônico. Mais adequado em muitos aspectos para artistas, ilustradores e fotógrafos, o serviço fornece uma loja que opera quase como um stand em um mercado de arte local. Os visitantes podem pesquisar seu trabalho e comprar gravuras, camisetas, pôsteres e outros produtos que apresentam seu trabalho, enquanto o RedBubble cuida do atendimento ao pedido.

Facilidade de instalação e manutenção:	7/10
Aparência profissional:	6/10
Personalização:	5/10
Exposição a networking:	7/10
Classificação geral:	6/10

Blogs

Os serviços gratuitos de blog podem ser adaptados como um portfólio online. A vantagem é que você pode adicionar o número de informações extras que desejar. Essa é uma solução adequada se você planeja fazer atualizações com frequência e tem muito a dizer. Participação ativa em blogs pode ajudar o ranking de páginas nos mecanismos de busca e, de maneira geral, elevar a posição do seu perfil digital. Blogs, por padrão, fornecem uma visualização principal para autoarquivamento e visualizações dos detalhes de cada postagem. Você pode optar por adicionar cada parte individual do trabalho como uma postagem separada no blog ou incluí-la em grupos com base em projetos ou tipos. Plataformas de blog suportam imagens, texto e vídeo embutidos.

Blogger, blogger.com

Esse popular serviço gratuito de blog do Google permite que qualquer pessoa crie um novo blog em questão de minutos e comece a fazer upload de imagens e texto imediatamente.

2//

Escolha entre vários modelos para controlar a aparência. As opções administrativas não parecem tão poderosas quanto as do rival WordPress.

Facilidade de instalação e manutenção:	6/10
Aparência profissional:	4/10
Personalização:	5/10
Exposição a networking:	8/10
Classificação geral:	6/10

Tumblr, tumblr.com

A simplicidade do Tumblr é um das suas melhores qualidades. Ele permite postar qualquer coisa e você pode personalizar quase todos os aspectos da sua apresentação. Ele foi descrito como um microblog na sua forma mais pura — depois do Twitter, obviamente. Abordado da maneira certa e para o público certo, ele pode funcionar como um portfólio digital.

Facilidade de instalação e manutenção:	7/10
Aparência profissional:	6/10
Personalização:	7/10
Exposição a networking:	6/10
Classificação geral:	6/10

WordPress, wordpress.com

Essa é outra popular plataforma de blog gratuita com uma poderosa interface administrativa. Escolha entre uma grande variedade de modelos visuais e estruturais e crie várias páginas junto com categorias para postagens no seu blog.

Facilidade de instalação e manutenção:	6/10
Aparência profissional:	6/10
Personalização:	6/10
Exposição a networking:	7/10
Classificação geral:	6/10

Dica rápida

Para uma postagem rápida e fácil em mais de um blog de cada vez, baixe uma ferramenta de criação de blog e você será capaz de postar sem precisar fazer login no seu blog.

Usuários de PC podem utilizar o software gratuito Windows Live Writer. Ele permite colar imagens diretamente de qualquer ferramenta de edição de imagem e aceita os players de vídeo embutidos mais comuns. Baixe o Windows Live Writer em download.live.com/writer.

Usuários do Mac podem usar o Blogo, disponível em drinkbrainjuice.com/blogo.

1// *Bonnie Jones, bonniejonesphoto.wordpress.com*

2// *Gabrielle Rose, drawgabbydraw.tumblr.com*

As principais categorias de estrutura de conteúdo

Ao levar em consideração todas as variáveis que você pode ajustar para criar o portfólio perfeito a fim de atender suas necessidades, há um número infinito de possíveis resultados. É útil, ao planejar a estrutura do conteúdo que funcionará melhor para você, considerar as quatro principais categorias de estrutura: visualização no estilo galeria, rolagem de páginas individuais (vertical ou horizontal), navegação por lista e conceitual.

Observe que os elementos desses tipos podem ser combinados para criar híbridos. Na verdade, os portfólios mais bem desenhados são combinações de mais de um tipo. Há muitos exemplos de portfólios que, à primeira vista, parecem ser completamente originais, mas a estrutura subjacente pode ser inteiramente tradicional. O uso dessas estruturas conhecidas pode significar que há maior probabilidade de os visitantes se conectarem intuitivamente com a apresentação do seu trabalho.

1//

2//

1. Visualização no estilo galeria

Talvez o tipo mais comum de estrutura de portfólio, a visualização no estilo galeria começa com uma visualização principal que contém miniaturas representando peças ou projetos específicos. Os avaliadores podem se aprofundar em cada item para ver uma ou mais visualizações detalhadas, junto com mais informações sobre sua participação no trabalho.

Uma adição comum à visualização no estilo galeria é um recurso do tipo "caixa de luz" para visualização dos detalhes das suas peças com outras informações mínimas na página. Isso é mais adequado quando combinado com os controles para avançar e voltar uma apresentação de slides.

A tendência atual é tirar vantagem das áreas maiores das telas atuais adicionando miniaturas extragrandes. O uso dessas miniaturas pode significar que os visitantes têm uma boa ideia da natureza do trabalho sendo apresentado, antes mesmo de se aprofundarem nos detalhes.

Ao preparar imagens em miniatura para uso em uma visualização no estilo galeria, considere as regras da boa composição e evite reduzir a área de apresentação do trabalho até um tamanho que o conteúdo torne-se indistinguível. Uma miniatura não precisa ser literalmente uma versão em escala reduzida da visualização dos detalhes. Ela, em vez disso, pode ser um closeup cortado de um aspecto particularmente interessante do trabalho sendo mostrado.

Quando bem executada, a visualização no estilo galeria oferece um bom equilíbrio entre uma apresentação profissional fácil de usar e algo que é dimensionável, flexível e relativamente fácil de manter.

3//

1// Kidplastik, Drew Taylor, kidplastik.com
Um formato de galeria baseado em miniaturas.

2// Hello Monday, hellomonday.net
Esse site combina uma visualização no estilo galeria com uma visualização detalhada que pode ser expandida e recolhida.

3// Marumiyan, marumiyan.com
Uma abordagem no estilo mosaico de formato de galeria pode ser adequada a trabalho ousado e colorido.

41

CAPÍTULO DOIS: Implemente sua estratégia

1//

2. Visualização com rolagem

Uma opção um pouco mais simples é tirar proveito das barras de rolagem dos navegadores. Desde que o trabalho seja claramente exibido, não há nada terrivelmente errado com uma longa página de rolagem para exibir o conteúdo. O benefício é que ela é muito fácil de implementar e simples para os avaliadores navegarem. A visualização com rolagem vertical é o formato nativo para blogs.

Para visualizar os detalhes de qualquer parte ou projeto, pode ser empregada uma abordagem semelhante como a visualização no estilo galeria — os avaliadores podem se aprofundar para ver mais telas desse projeto, visualizar mais informações sobre sua participação e qual era o objetivo do trabalho.

2//

Há um mito nos círculos de Web design de que as pessoas não encontram conteúdo que está "abaixo da dobra" (abaixo da área visível sem rolagem). Testes com usuários mostraram que muitos de nós agora estamos bem acostumados a usar a barra de rolagem quase imediatamente e até usá-la como referência para determinar o comprimento da página.

Um erro a evitar é criar a página de tal maneira que a dobra caia em uma grande lacuna no conteúdo de modo que a página pareça terminar. Isso pode criar a percepção de que não há nada para rolar abaixo. Uma melhor prática é desenhar a página de tal modo que a dobra divida o conteúdo ao meio e que fique óbvio que há mais conteúdo abaixo.

Dica de design

Lembre-se de que as pessoas estão mais acostumadas a rolar por uma página verticalmente do que horizontalmente; se você escolher a rolagem horizontal, talvez seja necessário chamar a atenção dos visitantes para a estrutura de rolagem horizontal.

Em geral, a rolagem horizontal pode ser um pouco complicada e menos intuitiva do que a rolagem vertical. Se você escolher essa opção, vá em frente com cuidado; considere construir um protótipo rápido para que você possa observar as pessoas usando-a e verifique se elas encontram algum problema.

1// *Michael Kleinman,*
samegoes.com
Visualização com rolagem vertical.

2// *Joe Bauldoff,*
bauldoff.com
Visualização com rolagem horizontal.

43

3. Navegação por lista

Este tipo utiliza uma lista escrita de projetos ou seções, como um elemento de navegação persistente para deslocar-se pelo portfólio. A lista, exibida no lado esquerdo, costuma ser clicável e permite que o usuário salte de um projeto ou área do site para outro sem ter que retornar para a página principal.

Uma variação na navegação por lista é o uso de um mecanismo de recolher e expandir que cria um efeito sanfona. Nomes de projeto podem ser agrupados em categorias. Clicar em uma categoria fará a seção expandir-se para revelar os projetos na lista que se encaixam nessa categoria, sem alterar a exibição de conteúdo no corpo principal da página até um projeto real ser clicado. Isso pode ser útil se você tiver uma grande quantidade de trabalho em diversas categorias.

Uma desvantagem da abordagem de navegação por lista é a falta de espaço para exibir as imagens em miniatura dos projetos. Isso pode ser superado, porém, combinando esse tipo de estrutura com o estilo de primeira página do tipo de galeria. Isso resulta em uma primeira impressão mais visual.

Se você tem um forte sentido tipográfico, criar um elemento personalizado de navegação por lista pode ser uma boa maneira de equilibrar seu visual.

Ao lidar com design de navegação — o que é discutido em maiores detalhes mais adiante neste capítulo — é importante criar um sistema que informa para as pessoas onde elas estão no site em qualquer dado momento. Ao destacar o projeto que está sendo visto, damos uma orientação ao usuário e, portanto, uma experiência mais suave e intuitiva.

1// Face, designbyface.com; código de Modulor, modulorweb.com
Um mecanismo de expandir e recolher com destaque para recursos tipográficos.

2// Michele Angelo, superexpresso.com
Um exemplo de um sistema de navegação por lista com "novos" marcadores indicando o conteúdo mais recente.

4. Conceitual

Essa é uma categoria ampla e pode ser mais desafiador realizá-la bem. Quando mal realizado, o site pode parecer estar vendendo o próprio portfólio, em vez do seu trabalho, e problemas de usabilidade podem surgir.

Para utilizá-la com sucesso você precisa de um excelente conceito e muitas vezes uma metáfora visual para fornecer um sistema de navegação único para que os avaliadores explorem seu trabalho. Frequentemente, essa estrutura pode ser a menos escalonável dos quatro tipos, uma vez que adicionar uma nova seção ao seu portfólio pode fazer você voltar à prancheta de desenho.

Quando bem executada, a estrutura de conteúdo conceitual pode ser uma maneira infalível de se destacar da multidão. Consulte mais adiante neste capítulo notas sobre como se tornar um pouco mais criativo.

Resumindo: ao começar a fazer o esboço da estrutura do seu portfólio, considere essas quatro estruturas e misture e combine as características de cada uma para desenvolver a estrutura que é ideal para você. Há pontos fortes e fracos, desafios e oportunidades em cada uma.

1//

2//

Eis uma classificação indicativa dos quatro tipos principais por três valores chave:

Escalabilidade

1. Visualização no estilo galeria
2. Navegação por lista
3. Página de rolagem
4. Conceitual

Originalidade:

1. Conceitual
2. Navegação por lista
3. Página de rolagem
4. Visualização no estilo galeria

Profissionalismo:

1. Visualização no estilo galeria
2. Navegação por lista
3. Página de rolagem
4. Conceitual

1// Chuck U, chucku.com
A estrutura e o conteúdo tornam-se um único elemento nesse exemplo de um sistema de navegação baseado em ilustração.

2// Bio-bak, bio-bak.nl
Esse site transforma a navegação em um jogo — uma tática ousada, mas admirável.

Arquitetura da informação

A arquitetura da informação do seu portfólio é um pouco parecida com um esqueleto — é a estrutura subjacente que mantém tudo junto. Fazê-la certa é uma arte e uma ciência, uma vez que envolve organizar e rotular os elementos a fim de contribuir para a usabilidade geral do site.

Suas decisões sobre qual conteúdo agrupar em quais partes do seu site e como nomear esses grupos são mais importantes do que você poderia imaginar. Considere o seguinte:

Joe Illustrator quer incluir peças que abrangem uma série de anos e muitos tipos de projeto. Ele planeja uma área de seu site que se chamará "Ilustração", mas quando ele coloca todo seu trabalho em uma seção muito grande, acaba ficando com vários trabalhos relativamente antigos ao lado de alguns mais recentes de uma maneira desorganizada. No final, ele cria várias subseções dentro de Ilustração: Pôsteres, Editorial, Corporativo e Trabalhos Antigos. Dessa forma, ele sabe que futuros clientes corporativos não ficarão perdidos no meio dos seus primeiros trabalhos pessoais.

Decisões como essas relativas ao nome e ao agrupamento de partes do conteúdo no seu site afetarão significativamente a experiência geral que um visitante tem. Esse esforço é a arquitetura da informação.

Se você está procurando o caminho mais direto para criar uma clara e intuitiva arquitetura de alto nível para um site de portfólio padrão, não procure mais, use esta estrutura:

Portfólio

Quem sou

Contato

1//

Se você tiver vários trabalhos ao longo de uma série de projetos que demonstram habilidades em diversas disciplinas, sua arquitetura poderia se parecer mais ou menos com isto:

Portfólio
    Ilustração
        Editorial
        Publicações
        Pôsteres
        Capas de discos
        Pessoal
    Design gráfico
        Capas de livros
        Capas de discos
        Websites
        Pessoal
    Fotografia
        Paisagens
        Pessoas
        Jornalismo
        Pessoal
Quem sou
Contato

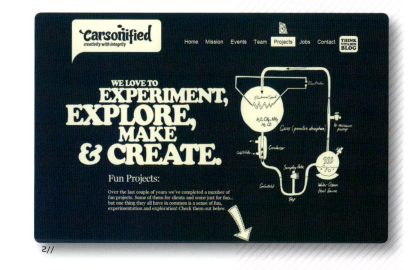

Considere que a extensão de uma lista de opções está diretamente vinculada à "encontrabilidade", isto é, à capacidade de encontrar as coisas. Cada lista, dependendo da maneira como é apresentada, tem uma extensão ideal depois da qual se torna irritantemente muito cheia de opções. Dividir listas mais longas em subcategorias, como no exemplo acima, torna a estrutura geral mais facilmente pesquisável e fornece uma experiência melhor.

1// Marumiyan,
marumiyan.com
Exemplo de arquitetura intuitiva claramente exibida usando um sistema de navegação de lista recuada.

2// Carsonified,
carsonified.com
O site Carsonified é bem estruturado e fácil de interpretar de relance.

Design de navegação

Depois de determinar a arquitetura de informações, comece a trabalhar no tipo de sistema de navegação que melhor atenda suas finalidades. A maioria das abordagens padrão envolve posicionar os nomes das seções principais em uma fileira ao longo da parte superior de cada página abaixo da identidade do site, ou ao longo do lado esquerdo de cada página. Além disso, há um número infinito de variações, tanto simples como altamente conceituais.

Uma prática comum no design de navegação para sites que contêm uma grande quantidade de informações é listar as subseções de cada seção principal em um menu suspenso que aparece quando alguém passa o cursor sobre a barra de navegação. Isso não apenas fornece acesso rápido a todas as partes do site, como também dá uma indicação da estrutura do site numa passada de olhos, sem a necessidade de sair da página.

Uma boa ideia é mudar a aparência dos elementos de navegação quando o cursor é posicionado sobre eles. Esse gesto simples funciona como um aceno de mão como se quisesse dizer: sim, há bom conteúdo aqui, vá em frente e clique.

Para ajudar a orientar as pessoas à medida que elas se movem pelo site, é melhor projetar a navegação de uma forma que a localização atual delas seja indicada. Isso pode ser feito visualmente destacando a página atual na barra de navegação.

Ao explorar maneiras de levar o design de navegação ainda mais longe, pense na possibilidade de inserir imagens, animação ou vídeo nos painéis que aparecem quando o cursor passa pela barra de navegação, a fim de ajudar a incitar um clique por meio da descrição do conteúdo de cada seção.

1//

2//

3//

Se você estiver criando um portfólio altamente conceitual ou visualmente temático, pense em como integrar o design da navegação à direção escolhida: é um elemento chave funcional do site e uma parte central da interatividade geral. Explore maneiras de associar o design de navegação à sua ideia central por meio de uma metáfora visual, se apropriado. Mas lembre-se de não sacrificar a usabilidade.

Um bom sistema de navegação precisa ser totalmente usável e intuitivo. Caso contrário, a experiência resultante irá irritar as pessoas e ter um impacto ruim sobre você.

Certifique-se de que o tamanho das áreas alvo seja suficientemente grande para que seja fácil clicar nelas. Se os elementos na barra de navegação forem muito pequenos e obrigarem o usuário a focalizar para posicionar o cursor exatamente na área certa, você criou um problema de usabilidade potencialmente irritante. Em uma nota relacionada, certifique-se de que o texto no sistema de navegação é legível, por razões óbvias.

1// Kareem King,
kx2web.com
Um exemplo de um sistema de navegação inteiro contido em um único menu suspenso — limpo e simples.

2// Darek Nyckowiak,
thetoke.com
Painéis que viram e giram no espaço 3D por meio de controle deslizante horizontal criam um dispositivo de navegação engenhoso.

3// Alexey Abramov,
alexarts.ru
Apresentar opções de navegação no contexto do conteúdo na sua página inicial pode resultar em uma experiência bem integrada.

51

CAPÍTULO DOIS: Implemente sua estratégia

Exibição de descrições

O design que você aplica às descrições do seu trabalho cai no campo do design de informação. Decepcione nessa área e a experiência de navegar pelo seu trabalho pode tornar-se confusa e desordenada. Faça certo e você pode alcançar uma apresentação perfeita, na qual os olhos da sua audiência sempre encontrarão um lugar gratificante para visitar à medida que procuram respostas a perguntas como "Esse parece ser um projeto colaborativo — qual foi o papel dessa pessoa? Qual foi o *briefing* desse projeto?"; e "Os resultados que o cliente buscava foram alcançados?" Como estabelecido no Capítulo Um, uma boa ideia é transmitir alguma combinação entre o título do projeto, o nome do cliente, seu papel e outras informações essenciais com base na natureza do seu trabalho. Outras considerações a ter em mente incluem:

- Mantenha as informações o mais concisas possível.
- Posicione as informações em um local consistente para cada projeto a fim de que os avaliadores não tenham de procurar extensivamente sempre que precisem encontrá-las.
- Use tipografia clara e legível a menos que você tenha uma razão conceitual muito sólida para não fazer isso. Mesmo assim, pense duas vezes.
- Revise o texto cuidadosamente para certificar-se de que não há erros. Erros de ortografia são péssimos.

Noventa por cento do bom design de informação envolve conhecer a hierarquia subjacente ideal a usar com o conteúdo que você está exibindo. A prioridade número um deve ser o título do projeto. Quando estruturadas adequadamente, essas informações farão com que os avaliadores tenham uma melhor compreensão daquilo que eles estão vendo e qual sua participação nisso.

1//

2//

3//

Exemplos de uma boa estrutura de nomeação de projeto:

- Ilustração de capas de discos
- Design de embalagem de cosméticos
- Design de pôsteres para espetáculo teatral

Por que vale a pena focalizar o título? Porque com a estrutura certa você pode explicar:

1. O que seus visitantes estão examinando ("pôster")
2. A disciplina chave que você empregou no trabalho ("design")
3. Qual é a área temática do projeto ("espetáculo teatral" = "indústria do entretenimento").

Isso nos diz que devemos estruturar nossos títulos cuidadosamente e torná-los visualmente destacados. Uma analogia útil a considerar no design da exibição das suas descrições são as etiquetas encontrados ao lado de pinturas em uma galeria de arte. Elas são tratados de uma maneira consistente, são concisas e informativas, e nunca arriscam roubar o espetáculo do trabalho real.

1// JPEG Interactive,
jpeg.cn
A visualização de dados é utilizada eficazmente pelo JPEG Interactive para criar uma interface com aparência sofisticada e informativa.

2// Juan Diego Velasco,
juandiegovelasco.com
Limpas, consistentes e simples, essas descrições são facilmente lidas e informam rapidamente as várias habilidades dominadas pelo autor.

3// Hello Monday,
hellomonday.net
Exemplos de títulos de projeto claramente exibidos e visões gerais descritivas usadas de uma maneira consistente por todos os projetos.

53

Otimização da área de tela

A maioria das pessoas que navega pela Web vê sites com dimensões de 1024 pixels de largura × 768 pixels de altura. Seguindo isso de perto, na maioria das estatísticas, vêm os formatos 1280 × 800 e 1280 × 1024. Dado que seu público-alvo frequentemente será composto por outros profissionais de criação, podemos supor que telas com resoluções relativamente grandes serão predominantes entre aqueles que visitam seu site.

Seu site será visualizado por uma ampla variedade de dispositivos e configurações, por isso é importante rever a estratégia formada no primeiro capítulo e considerar as táticas apropriadas. Você visa profissionais de criação? Se sim, opte por layouts otimizados para exibições de 1280 pixels de largura e tire o máximo proveito da área disponível. Em termos gerais, barras de rolagem horizontal são indesejáveis (a menos que elas sejam um elemento chave na navegação do seu site; ver páginas 42-43), portanto examine maneiras de causar um impacto visual ao longo dos 1280 pixels, mas com o conteúdo importante no primeiro plano residindo dentro dos 1024 pixels.

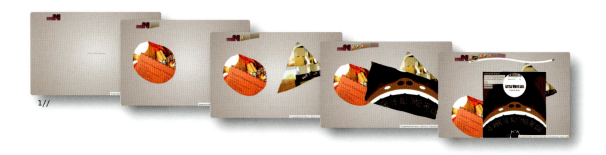

1//

A "dobra" da página é uma linha imaginária abaixo da qual o visualizador deve rolar para ver o conteúdo. Inserir conteúdo abaixo da dobra em uma tela de 1024 × 768 não é um problema, mas você deve certificar-se de que o conteúdo que reside acima da dobra seja suficientemente atraente e organizado de uma maneira que os visitantes sintam-se estimulados a rolar para baixo.

Algumas outras diretrizes a considerar:

Evite inserir seu trabalho em uma caixa pequena no meio da tela como se você estivesse otimizando para 800 × 600: essas dimensões de tela são, agora, quase completamente obsoletas.

2//

3//

Crie um jeito de as imagens no fundo ultrapassarem as bordas dos 1024 × 768 a fim de que o público com telas maiores continue a ter uma experiência visualmente rica. Experimente seu site em várias dimensões de tela para ver a diferença na aparência que ele tem nos diversos dispositivos.

Pense na diferença entre centralizar os layouts em vez de posicioná-los à esquerda ou alinhados à direita. Na maioria dos casos, o alinhamento centralizado é mais agradável, uma vez que ajuda a evitar uma aparência acidental de espaço negativo. Seu site terá uma largura fixa ou variável (ele terá uma largura fixa ou vai mudar à medida que um usuário alterar as dimensões da janela do navegador)? Se variável, sempre haverá uma largura mínima — qual você especificará? Qual é o cenário ideal que muitos web designers se esforçam para alcançar?

- Largura fixa ou variável dependendo da execução
- Alinhado no centro
- Parece bom em 1024 × 768 sem uma barra de rolagem horizontal
- Parece ótimo em 1280 × 1024

Dica de design

Se sua estratégia ditar que o portfólio deve funcionar bem em dispositivos móveis, você terá de pensar muito bem nas coisas a partir de vários ângulos diferentes, alguns técnicos e outros orientados a design. A fase do protótipo funcional é um bom momento para tentar visualizar o site em dispositivos como o iPhone. Você terá uma noção do que funciona e não funciona.

1// *magneticNorth (mN), mnatwork.com*
Visitantes desenham formas para revelar o conteúdo usando toda a área da tela.

2// *Mika Mäkinen, mcinen.net*
Mika Mäkinen usa o Flash para criar um efeito de fundo de janela cheia.

3// *Justin Maller, justinmaller.com*
Um mosaico de miniaturas em grande escala maximiza o impacto visual.

Usabilidade

1//

2//

Boa usabilidade na Web design significa reduzir o número de perguntas nas mentes dos visitantes do seu site quando eles passam de uma página para outra. Boa usabilidade é a expectativa básica de um site profissional de portfólio. Forneça uma usabilidade ruim e você irá estragar sua imagem.

É fácil encontrar, ler, entender e clicar na estrutura de navegação do seu site? Use seu senso tipográfico e de contraste de escala ao projetar a navegação do seu site. Aquela fonte intrincada que parece incrível em uma impressão em 76 pt a 300 dpi talvez não seja tão boa em 12 pt a 72 dpi. Procure oferecer uma navegação fácil pelas páginas ou você corre o risco de irritar os visitantes.

O design do seu site informa bem as pessoas sobre onde elas estão? O uso de uma identidade clara para você mesmo (mais provavelmente seu nome) posicionada de maneira destacada e consistente por todo o site, títulos de página e um sistema de navegação que indica onde você está no site são algumas maneiras úteis de orientar as pessoas. Conhecer sua localização em um site é importante porque ajuda a encontrar as coisas e a medir o tempo de avaliação do site (*time slicing*, explicado abaixo).

Saber onde você está o ajuda a ir do ponto A ao ponto B. Títulos de página que aparecem nos favoritos (ou *bookmarks*) e na barra de título do navegador ajudam a localizar itens em outros níveis. A divisão do tempo, ou *time slicing*, é quando os visitantes recebem informações suficientes para estimar o tempo que precisarão para visualizar um site ou seções dele. Ferramentas como "1 de 10" ao exibir múltiplas visualizações dos detalhes agrupadas ajudam a alcançar isso.

Suas informações pessoais e seu trabalho são apresentados de uma maneira clara e legível? Considere o nível de contraste entre o fundo de página e o texto em primeiro plano. As folhas de estilo em cascata (Cascading Style Sheets, CSS), que determinam o estilo visual do seu site em conjunto com

XHTML (discutida em detalhes mais adiante neste capítulo), permitem também controlar a altura das linhas. A distância entre as linhas de texto em um parágrafo pode afetar significativamente a legibilidade.

Outra técnica comum para aprimorar a legibilidade do corpo de texto é evitar que a largura da coluna do texto se estenda muito além de 75 caracteres. Mas há evidências que sustentam que um comprimento de linha ideal é um mito. Explore o debate na Web e decida se isso é ou não um mito.

Outras dicas a considerar:

Abra documentos PDF em uma nova janela, uma vez que eles interrompem o fluxo normal de navegação entre páginas HTML e devem ser mantidos separados.

Evite métodos de abrir janelas pop-up via JavaScript, uma vez que ele é bloqueado por sistemas antipopup, como a Google Toolbar.

Evite inserir elementos nas páginas que parecem ser clicáveis, mas que não levam a lugar nenhum. Se algo parecer clicável (imagens em miniatura, por exemplo), crie um link para o local mais previsível.

Dica rápida

Sempre crie um link entre seu logotipo ou nome e a página inicial. Isso é padrão na maioria dos sites e as pessoas se acostumaram assim.

3//

1// Oleg Kostuk,
theoleg.com
Músicas que tocam automaticamente podem irritar algumas pessoas. O Oleg pergunta qual é nossa preferência assim que a página se abre.

2// Rob Palmer,
branded07.com
Um exemplo de navegação clara e fácil de usar.

3// squareFACTOR,
squarefactor.com
Esse site oferece uma útil sinalização e claros controles de navegação por toda a experiência de visita ao site.

XHTML, CSS e JavaScript

1//

2//

1// Como é a aparência de uma página Web sob a superfície.

2// Adobe Dreamweaver.

3// The Norik,
thenorik.com
Um portfólio construído no Indexhibit.

Se estiver lendo esta página, talvez você esteja interessado em criar as páginas do seu portfólio a partir do zero. Discutiremos algumas definições básicas e uma visão geral de alto nível. Observe que há uma grande quantidade de informações e recursos sobre esses temas na Web, e não há limite para o quão longe você pode levar suas habilidades técnicas se estiver assim disposto. Prepare-se para uma sobrecarga de acrônimos à medida que nos aprofundamos no mundo do desenvolvimento da camada de apresentação (Presentation Layer Development, PLD).

Extensible Hypertext Markup Language (XHTML) é a estrutura e o conteúdo das páginas do seu portfólio baseado na Web. É o que os navegadores Web como Internet Explorer, Firefox, Safari e Chrome interpretam para saber o que exibir em cada página. Para a maioria dos sites de portfólio básicos, esse é o lugar onde seu conteúdo residirá (referências a texto e imagem).

As folhas de estilo em cascata (Cascading Style Sheets, CSS) determinam o estilo visual, o layout do conteúdo e a estrutura das páginas. A CSS permite que a aparência das páginas seja mantida separada do conteúdo de tal maneira que você pode modificar a folha de estilo e alterar o visual de todas as páginas de uma só vez.

JavaScript é uma linguagem de criação de script que pode ser utilizada para agregar recursos e efeitos adicionais que a XHTML e CSS simples não podem fornecer.

Se você quiser ver como é tudo isso abaixo da superfície, escolha a opção "Exibir Código-Fonte" no navegador ao visualizar uma página Web e você terá uma visualização do código em XHTML e, possivelmente, do JavaScript. O código CSS muitas vezes reside em um arquivo separado, embora possa ser colocado *inline*, isto é, dentro do código da própria página.

Como você cria seus próprios arquivos de XHTML, CSS e JavaScript? Basicamente, há três abordagens: Codificando manualmente; utilizando um editor WYSIWYG (What You See Is What You Get) ou utilizando uma combinação dos dois.

A codificação manual exige que você entenda os tags que compõem a XHTML e as regras utilizadas no CSS e escrevê-los via um editor de texto básico (ou software especializado em codificação) linha por linha. Pode ser entediante entender e criar isso. A maioria dos designers que criam suas próprias páginas usa um editor WYSIWYG e passa para a codificação manual conforme necessário.

Um editor WYSIWYG é um programa que funciona como um editor de texto básico como o Microsoft Word, mas salva arquivos XHTML e CSS. Ele permite criar layouts, estilos visuais e conteúdo com uma interface intuitiva que fornece uma visualização à medida que você avança. A maioria dos editores WYSIWYG decentes permite alternar entre o modo de edição padrão e a codificação manual.

O Adobe Creative Suite inclui o Dreamweaver, que é uma excelente ferramenta para criar suas próprias páginas. Se você criar as páginas no Photoshop, há uma maneira de gerar automaticamente saída HTML básica diretamente dos arquivos Photoshop e, então, exportá-las para o Dreamweaver a fim refinar e desenvolver ainda mais o código.

Dica técnica

Um aplicativo gratuito cada vez mais popular entre os profissionais de criação pode ser baixado do indexhibit.org. Nas próprias palavras deles, ele é "um aplicativo Web usado para construir e manter um formato de site Web arquetípico e invisível que combina texto, imagem, vídeo e som".

Algum conhecimento básico de programação Web é útil para configurar um site no Indexhibit. Você ainda precisará de hospedagem Web, mas o resultado final é uma plataforma muito flexível com ferramentas de manutenção de conteúdo fáceis de usar.

O fórum fornece conselhos úteis sobre todo tipo de questão de desenvolvimento Web relacionada com a apresentação online de trabalhos de criação: indexhibit.org/forum.

3//

CAPÍTULO DOIS: Implemente a sua estratégia

Trabalhando com Flash

O Adobe Flash é uma ferramenta formidável para agregar movimento interativo e animação dinâmica ao seu portfólio. Ao longo dos anos, ele evoluiu de uma ferramenta de animação vetorial baseada numa linha do tempo para uma poderosa plataforma que suporta imagens de bitmap, vídeo, conteúdo dinâmico e muito mais.

Como qualquer ferramenta avançada, nas mãos erradas o Flash pode ser usado para cometer sérios equívocos de mau gosto. Se você optar por experimentá-lo, certifique-se de avaliar objetivamente o que você cria à medida que avança para não cair na armadilha de ser hipnotizado pelas técnicas básicas. Inserir animação berrante e efeitos baratos na apresentação do seu portfólio sem um propósito pode ter um impacto negativo sobre sua imagem.

Apenas navegadores compatíveis com Flash podem exibir arquivos Flash, mas há maneiras de usar JavaScript para exibir conteúdo alternativo para navegadores não compatíveis com Flash. Mas, de acordo com as fontes estatísticas mais indicativas, a grande maioria dos visitantes do seu site terá navegadores compatíveis com Flash.

Uma das desvantagens do Flash é a probabilidade de menor SEO (Search Engine Optimization). Quando o texto é embutido no Flash, os mecanismos de busca não podem acessá-lo tão facilmente. Há maneiras de contornar isso, e os avanços tecnológicos significam que essa área está melhorando, mas, em geral, se você precisar de um bom ranking de página nos mecanismos de busca, evite inserir todo seu conteúdo em Flash. Se todo o seu portfólio estiver em um único arquivo Flash, você perderá a capacidade de ter endereços Web únicos para diferentes partes do seu site. Há maneiras de contornar isso usando programação em Flash Action Script avançado.

2//

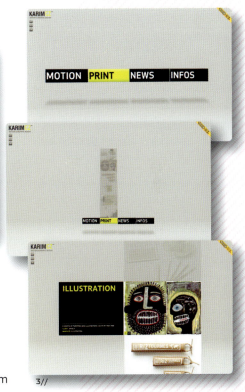

3//

Para evitar essas armadilhas, pense em criar um site com conteúdo principalmente em HTML simples, mas com arquivos Flash individuais embutidos nas páginas para criar movimento e interesse visual.

Se for realmente corajoso (ou puder formar uma parceria com um colega desenvolvedor em Flash), você poderá desenvolver maneiras de integrar um conceito a uma experiência totalmente interativa e animada usando o Flash. Não há realmente nenhum limite em relação àquilo que você pode alcançar com o talento certo. A capacidade de exibir vídeo de uma maneira eficiente abre totalmente as portas, por exemplo, ferramentas como o Adobe After Effects podem ser usadas para criar animações gráficas para vídeo que podem ser disponibilizados no Flash como arquivos FLV.

Para visualizar e interagir com uma enorme biblioteca de incríveis sites em Flash, visite o popular programa de premiação de sites The FWA: Favourite Website Awards em thefwa.com.

1// Oleg Kostuk, theoleg.com
Esse profissional de criação usou o Flash para criar uma experiência narrativa envolvente.

2// Nick Jones, narrowdesign.com
Uma interface Flash limpa, atraente e intuitiva.

3// Karim Charlebois-Zariffa, karimzariffa.com; site construído em Flash por Philippe Roy, un1deuxp.com
O Flash foi usado nesse portfólio para criar uma excelente sensação de profundidade.

CAPÍTULO DOIS: Implemente a sua estratégia

Players de vídeo e janela "caixa de luz"

Incorporar vídeo a um site é fácil graças a serviços como o Vimeo e, claro, o YouTube. Em termos de estilo da apresentação, um player de vídeo de marca conhecida talvez não seja exatamente o que você tinha em mente.

Se você já viu como é um player Vimeo embutido em uma página Web e estiver satisfeito com esse estilo de apresentação, simplesmente crie sua conta gratuita no vimeo.com e siga as instruções para fazer o upload do seu conteúdo. Pegue o código para incorporar o vídeo e insira-o nos arquivos XHTML na posição onde você quer que o vídeo apareça.

Para um player pouco conhecido, converta os arquivos de vídeo para o formato FLV e exiba-os por meio de um player de vídeo Flash embutido nas suas páginas XHTML. Esse método fornece controle total sobre a apresentação em Flash e uma plataforma de vídeo que permite a qualquer pessoa com um navegador compatível com Flash visualizar seu conteúdo.

O player vem com controles padrão que são projetados de acordo com um razoável padrão visual e uma boa usabilidade e funciona bem. Para levar as coisas ainda mais longe, personalize a aparência dos controles com a perícia de um desenvolvedor de Flash. Observe que a implementação do seu próprio player de vídeo Flash exige conhecimento relativamente avançado de desenvolvimento em Flash.

Alternativamente, baixe um player FLV independente como o MAXI Player disponível em flvplayer.net/players/maxi. Use as instruções nesse site e o que você encontrou na Web para implementá-lo.

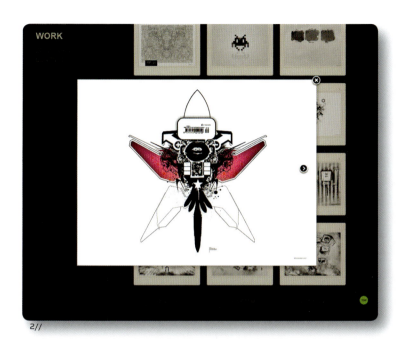

2//

Uma janela do tipo "caixa de luz" (*lightbox display*) é um modo de visualização caracterizado pela apresentação de uma única imagem ampliada sobreposta à página a partir da qual essa ampliação foi acessada. A página inicial torna-se escurecida, o que destaca a ampliação no primeiro plano. Normalmente, há controles para avançar e voltar pelas outras visualizações ampliadas e um botão de fechar para voltar à página inicial.

O benefício de uma janela do tipo "caixa de luz" é que ele fornece foco para os avaliadores quando você quiser que eles se concentrem em uma imagem específica. Para implementar uma janela do tipo "caixa de luz" em um site que você mesmo construiu, verifique algumas das soluções em JavaScript e jQuery gratuitas disponíveis na Web pesquisando "*lightbox*". Na maioria dos casos, um conhecimento prático de JavaScript é útil para implementar uma janela do tipo "caixa de luz" dessa maneira.

1// *Vídeo de processo criativo incorporado de MIND Castle no Vimeo, vimeo.com/8362481.*

2// *Janela tipo "caixa de luz" de Alexey Chenishov, ftdesigner.net.*

Colaborando com o desenvolvedor

Especialmente para estudantes, colaborar com os colegas pode ser uma ótima maneira de obter soluções valiosas sem pagar taxas profissionais integrais. O cenário mais comum poderia envolver dois estudantes se preparando para lançar suas carreiras, um designer e, o outro, desenvolvedor Web. Um faz o design e o outro, a programação de ambos os sites.

Se seu portfólio for um desenvolvimento próprio e não uma solução pronta, os avaliadores talvez queiram saber que parte do produto final você foi realmente fez. Esteja preparado para responder perguntas sobre isso, especialmente se a embalagem do seu portfólio for particularmente interessante ou fora do comum. Se um colega tiver colaborado, você deve considerar lhe dar um crédito no rodapé de cada página, como "Site construído por xxxx", com um link para o site dele. Se você chegou a um acordo de permuta, então ele, naturalmente, poderia retribuir com um link no site dele para o seu. Parcerias como essas podem ser úteis posteriormente para gerar indicações profissionais por referência.

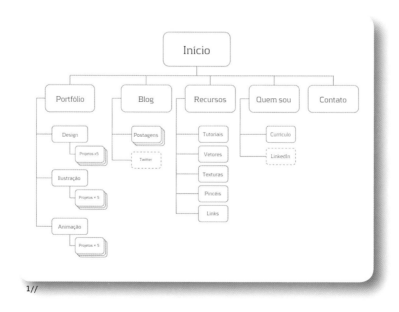

Algumas coisas básicas a manter em mente ao colaborar com outros:

1. Uma comunicação clara é essencial em qualquer tipo de colaboração.
2. Respeito mútuo pelos respectivos tempos e opiniões ajudará muito a tornar o projeto bem-sucedido.
3. Faça um *brainstorm* como uma equipe e você ficará surpreso com a criatividade e ideias de design amadurecendo nas mentes de alguns desenvolvedores. Quando chegar a hora de arregaçar as mangas, especifique claramente o que você quer que o desenvolvedor construa. Forneça documentos úteis como um diagrama do mapa do site, esquemas indicando qual conteúdo entra em qual página, bem como documentos do Photoshop claros e bem rotulados indicando o design visual que você precisa que os desenvolvedores construam. Uma boa ideia é fornecer visualizações JPEG dos bonecos para referência. Lembre-se de que na maioria dos casos eles precisarão do software fonte utilizado nos seus designs para gerar a saída dos elementos gráficos.
4. É bom combinar um prazo final para qualquer projeto colaborativo a fim de ajudar a definir metas e prioridades. Se não fizer isso, é muito fácil que ambos deixem que o projeto prossiga indefinidamente.

É importante que os designers lembrem-se de que é mais fácil, na maioria das vezes, mudar um boneco no Photoshop do que desenvolver novamente uma página já construída; portanto, fique atento ao tempo e à energia do desenvolvedor e trabalhe tendo em mente uma especificação clara e bem pensada daquilo que eles estão construindo antes de começarem.

1// *Normalmente referido como mapa do site, uma visão como esta pode servir como uma planta baixa do seu site.*

2// *Esquemas como esse dão uma indicação da distribuição aproximada dos conteúdos e da funcionalidade geral do site. Estes exemplos são considerados de "baixa fidelidade" — eles têm muito poucos detalhes.*

CAPÍTULO DOIS: Implemente a sua estratégia

Colaboração em massa (*crowdsourcing*)

Crowdsourcing é o ato de terceirizar uma tarefa, como o desenvolvimento do seu site de portfólio, para um grupo ou uma "multidão" (*crowd*) de pessoas. Há sites que permitem isso. Eis como funciona:

1. Visite um serviço de *crowdsourcing* que fornece desenvolvimento Web, como o TopCoder Direct (topcoder.com/direct).
2. Registre-se para ter uma conta.
3. Use a navegação do site para lançar um projeto. Talvez você queira lançar um projeto de "protótipo de interface com o usuário" no contexto do amplo espectro de tipos de projetos de desenvolvimento.
4. Siga os passos para criar um projeto baseado no "storyboard" que você já elaborou para seu site.
5. Depois de ativar seu projeto, os desenvolvedores poderão competir para criar um protótipo do seu site de acordo com suas especificações. Você escolherá um vencedor e pagará a essa pessoa pelo serviço.

Essa é a visão geral básica. Há vários detalhes sobre o tema a ser absorvidos se você optar por seguir esse caminho. Uma boa ideia é fazer algumas pesquisas e ler o que as pessoas têm a dizer sobre todo o processo; isso já provocou bastante discussão.

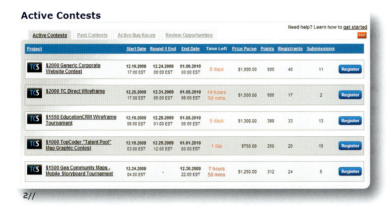

2//

Usar ou não *crowdsource*? Alguns prós e contras:

Prós
1. Você só paga para um site desenvolvido com sucesso se estiver satisfeito, portanto, há menos riscos de contratar alguém, não obter o que você quer e ainda ter de pagá-lo.
2. Os desenvolvedores irão competir pelo seu projeto.
3. Você pode obter um bom retorno financeiro pelo dinheiro aplicado.

Contras
1. Pode ser difícil manter um bom relacionamento profissional com os desenvolvedores de *crowdsource* ao longo da vida do projeto.
2. Talvez você não obtenha a solução que procura e talvez haja custos adicionais para chegar lá.
3. Pode haver maiores probabilidades de o projeto falhar devido a problemas como falta de um salário alto, o distanciamento do desenvolvedor e o risco de que haja bem poucos desenvolvedores competindo.

O *crowdsourcing* em geral é um tema controverso. Antes de participar de um dos lados de uma competição, analise o debate para fazer escolhas inteligentes sobre sua participação.

1// *TopCoder Direct, topcoder.com/direct*
O TopCoder é uma comunidade de crowdsourcing (colaboração em massa) para desenvolvedores e designers.

2// *TopCoder Studio, topcoder.com/studio*
Um exemplo de uma lista de "concursos" em que os desenvolvedores poderiam competir.

CAPÍTULO DOIS: Implemente a sua estratégia

Hospedagem Web

Para que sua coleção de arquivos XHTML, arquivos CSS, arquivos Flash e imagens formem um site publicamente disponível, esses arquivos precisam estar em um servidor Web totalmente funcional. Felizmente, esse é um serviço de fácil acesso fornecido por muitas empresas.

Há vários recursos e opções de preço a levar em consideração ao comprar a solução de hospedagem Web correta. Uma regra geral em relação aos custos de hospedagem é que quanto maior o volume de tráfego que o site tem, maior o custo de hospedagem. Para a maioria dos sites de portfólio, especialmente quando você está apenas começando, iremos supor que o tráfego seja relativamente baixo.

Hospedagem compartilhada, em oposição a servidores dedicados que grandes empresas baseadas na Web utilizam, é adequada para um site de portfólio. A hospedagem compartilhada dá acesso a um painel de controle administrativo e acesso FTP para fazer o upload de arquivos para seu site.

Outros recursos e especificações comuns incluem as seguintes aproximações:

- 10 GB e 100 GB de armazenamento
- 100 MB e 1 TB de banda larga
- Desconto para hospedar múltiplos domínios
- Até 1000 contas individuais de email
- Acesso baseado na Web para seu email
- Uma plataforma de banco de dados
- Recursos de análise das estatísticas de tráfego

Opções de hospedagem mais baratas, mas ainda confiáveis, são muitas vezes oferecidas por fornecedores com sede nos EUA. Você pode encontrar uma hospedagem por menos de US$ 5 por mês. Alguns provedores oferecem taxas mais baixas se você assinar um contrato de longo prazo. Opte por fornecedores estabelecidos, uma vez que eles tendem a saber o que estão fazendo e oferecem melhor suporte ao cliente.

Eis uma pequena lista de fornecedores respeitáveis:

- Media Temple: mediatemple.net
- Godaddy: godaddy.com
- Rackspace: rackspace.com e rackspace.co.uk

Para mais fornecedores e outros recursos, visite *clazie.com/ digitalportfolios.*

Um recurso útil oferecido por alguns provedores como o Media Temple é "instalação com um clique" dos serviços populares como blogs WordPress. Isso é útil se você quiser adicionar recursos ao seu site sem precisar separar um tempo para instalá-los manualmente.

Hospedagem em nuvem é uma opção um pouco mais cara que fornece mais recursos de hospedagem se seu site tornar-se muito popular da noite para o dia. Se forem necessários recursos extras, você terá de pagar por isso.

Não existe hospedagem totalmente gratuita; os provedores oferecem hospedagem gratuita em troca da exibição de um link ou banner no seu site.

Você pode obter um endereço Web personalizado registrando um nome de domínio se ele estiver disponível em um provedor de hospedagem. Você terá de pagar pelo uso do nome pelo período de tempo que planeja usá-lo. Seu provedor de hospedagem associará esse nome ao seu portfólio e endereços de email.

Dica técnica

Se você pretende fazer mais do que hospedar XHTML, CSS, Flash e imagens no seu site, considere o que a programação de backend significará para suas necessidades de hospedagem. Por exemplo, aplicativos desenvolvidos em .Net precisam ser hospedados sob Windows, enquanto aplicativos PHP devem ser hospedados sob Linux.

1// *Painel de controle do Media Temple.*

69

Reveja sua estratégia

Se o processo de criação for como uma base de lançamento, é melhor ter certeza de que você está apontando na direção certa, assim reveja sua estratégia antes de se preparar para apresentar algo único e inspirado.

O que você está tentando alcançar? Seja específico ao responder essa pergunta. Não basta dizer para você mesmo que você quer conseguir um trabalho. Que tipo de trabalho você quer? Com que tipo de empregador ou cliente? Encontrado e contratado por qual tipo de profissional? Em última análise, respeitado e admirado por quais tipos de colegas?

Por exemplo, suas respostas poderiam ser mais ou menos estas:

P: O que estou tentando conseguir com esse portfólio online?
R: Atrair e envolver potenciais clientes e construir minha marca pessoal.

P: Que tipo de trabalho eu quero?
R: Trabalhos freelance de criação publicitária e direção de arte.

P: Com que tipo de empregador ou cliente?
R: Agências de publicidade de mídia impressa e televisiva.

P: Encontrado e contratado por qual tipo de profissional?
R: Diretores de criação de grandes agências.

P: Em última análise, respeitado e admirado por quais tipos de colegas?
R: Outros profissionais de criação, diretores de arte, diretores de criação e clientes.

Essas respostas apontam para a necessidade de comunicar sua capacidade de criar coisas que produzam uma resposta emocional. Você também precisará fornecer uma indicação clara da sua experiência profissional a partir de *briefs* de anúncios desafiadores comercialmente orientados. Possível solução tática: crie um *brief* comercialmente orientado e desafiador para você mesmo e proponha uma solução de apresentação de portfólio inovadora para respondê-lo.

Se suas respostas indicarem que você visa um grande público com um amplo apelo baseado em sua variedade de habilidades, é bom ter isso em mente ao refinar as ideias que surgem do seu *brainstorming*. Quanto mais você espera do seu portfólio em termos de mensagens e público-alvo, mais desafiador pode ser integrar conceitos inovadores. Quanto maior o escopo, mais importantes para a navegação tornam-se aspectos como usabilidade e facilidade.

Respostas que indicam a necessidade de uma abordagem baseada em um amplo apelo poderiam ser:

P: O que estou tentando conseguir com esse portfólio online?

R: Atrair clientes *freelancers* em vários tipos de serviços de criação e, potencialmente, um cargo de longo prazo em uma empresa centrada na criatividade.

P: Que tipo de trabalho eu quero?

R: *Freelances* de ilustração, fotografia e design gráfico.

P: Com que tipo de empregador ou cliente?

R: Agências de criação especializadas e clientes diretos.

P: Encontrado e contratado por qual tipo de profissional?

R: Diretores de criação e diretores de marketing, de maneira geral.

P: Em última análise, respeitado e admirado por quais tipos de colegas?

R: Designers, ilustradores, fotógrafos, diretores de criação e diretores de arte.

Quando tiver suas respostas, anote-as e guarde-as. Depois de fazer esse exercício, você quase pode esquecê-lo por enquanto. Você vai querer consultar suas respostas mais tarde, como uma caixa de ressonância para ideias e execuções. Antes disso, é hora de incentivar a criatividade. A criatividade não estará no seu pensamento estratégico; ela virá da outra metade do cérebro.

1//

2//

1// Esteban Muñoz, estebanmunoz.com
Os desenhos a traço em P&B de Esteban fornecem uma paisagem imaginativa em movimento para contrabalançar o trabalho colorido no seu portfólio.

2// Camelia Dobrin, camellie.com
Aqui, as visualizações dos detalhes permitem rolagem enquanto a ilustração no fundo permanece imóvel — um efeito simples que, combinado com o estilo de desenho intrincado de Camelia, ajuda esse portfólio a destacar-se da multidão.

Encontre material de referência inspirador

1//

2//

3//

Para criar coisas excelentes, você precisa estar inspirado. Boas ideias e boa execução não acontecem no vácuo. As pessoas criativas mais prolíficas cercam-se de coisas que as inspiram, tanto produzidas pelo homem como pela natureza.

Procure inspiração para além das fronteiras da produção de outras pessoas criativas. Preste atenção a padrões e estruturas do mundo real que você pode transformar em conceitos, metáforas e arquitetura do portfólio. Mantenha uma câmera e um caderno de desenho sempre que você estiver fora para capturar ideias e imagens.

Uma boa ideia é criar uma biblioteca de referência permanente como um repositório de informações. Ela pode ser digital, analógica, ou ambas. Pegue tudo e qualquer coisa de que você gosta, de imagens a partir da Web a páginas de revistas, juntamente com seus próprios esboços e fotos, e mantenha tudo isso em único arquivo. Quando surgir um novo projeto, como a criação de um portfólio digital inovador e eficaz, você terá uma biblioteca existente em que pesquisar ao procurar inspiração.

Você vai querer categorizar o material de referência em grupos que fazem sentido para as disciplinas em que você se concentra. Agrupe exemplos de grandes ideias. Agrupe exemplos de tipografia surpreendente. Agrupe ilustrações. Isso tornará mais fácil encontrar inspiração rapidamente.

Ao procurar inspiração visual, *moodboards* (composições feitas de imagens inspiradoras, que sugerem um estado de espírito, uma atmosfera ou um clima) são ferramentas úteis para agregar e focalizar seus esforços. Crie colagens a partir de grupos de designs, ilustrações, fotos e texturas para indicar diferentes direções visuais que você quer explorar e comparar.

Eis algumas fontes úteis de inspiração:

Flickr, flickr.com
O máximo em redes sociais para fotógrafos. Pesquisar todo o universo do Flickr e criar classificações do que você acha interessante é uma ótima maneira de se inspirar visualmente.

Ffffound!, ffffound.com
Um serviço de marcação de imagens (ou *bookmarking*), o Ffffound! permite pesquisar imagem por imagem e encontrar inspiração visual e conceitual. O registro só acontece por meio de convite, mas qualquer pessoa pode navegar pelo site.

The FWA: Favourite Website Awards, thefwa.com
Uma vitrine para concorrer a premiações que atrai a grande maioria dos melhores microsites de publicidade, sites de portfólio, sites de conteúdo exclusivo e muito mais. Navegue pelo site dos ganhadores do dia, do mês e do ano e prepare-se para se surpreender.

Behance Network, behance.net,
Uma das redes sociais para exposição de trabalhos de criação avaliadas neste livro (ver página 36), o Behance contém um grande número de sites de portfólio e perfis de profissionais de criação. Navegue pela comunidade para obter inspiração em design e ilustração.

Vimeo, vimeo.com
Criado inicialmente pelo pessoal de criação ligado à área de cinema e vídeo, o Vimeo é uma comunidade que oferece imagens inspiradoras em movimento.

Twitter Search, search.twitter.com
Pesquisar o universo do Twitter pode ser útil para coletar referência sobre um tema específico. Tente digitar "*cool* portfólio", por exemplo, e veja o que aparece. Seguir outros profissionais de criação também é uma boa maneira de selecionar links inspiradores.

Dica técnica
A Web é uma maravilhosa fonte de inspiração. Equipado com uma ferramenta de captura de tela como o Snagit (disponível em techsmith.com), você pode "caçar e coletar" à vontade.

1// Ffffound!, ffffound.com

2// Flickr, flickr.com

3// The FWA: Favourite Website Awards, thefwa.com

4// Um exemplo de moodboard

CAPÍTULO DOIS: Implemente a sua estratégia

Amplie o foco

No início da fase da geração de ideias, pense o mais amplamente possível. É importante perceber que você está tentando produzir ideias para solucionar um problema. Você tem uma compreensão clara de qual problema você está tentando solucionar? Expresse-o em palavras reais como uma extensão da sua estratégia. Esse problema expresso é a espinha dorsal do seu brief — você deve encontrar soluções para ele.

1//

2//

A descrição escrita do problema a resolver poderia aparecer assim:

"Diretores de criação nas agências de design não sabem que eu tenho ilustração e fotografia no meu repertório e que consigo pensar conceitualmente."

"Tenho o sonho de criar um projeto colaborativo de vídeo e música e agora espero encontrar pessoas que o compartilhem comigo."

"Minhas brilhantes criações têxteis e trabalhos em cerâmica não têm um local online que reflita precisamente sua natureza conceitual e sua beleza."

1// *Fluxo de consciência e de escrita e associação de palavras são boas técnicas para a geração de ideias.*

2// *Manter um caderno de esboços ajuda na coleta e refinamento das ideias.*

Quando chega a hora de fazer um *brainstorm*, considere estas dicas:

Pense novamente na sua estratégia e inspiração e, então, esqueça tudo isso. Se optar por algo conceitual, nessa fase é bom adotar uma mente aberta e deixar os pensamentos fluírem livremente.

Fazer anotações sobre o fluxo da consciência é uma boa maneira de começar as coisas. Esquemas baseados nas palavras anotadas rapidamente se transformam em ideias de esboços. Não gaste muito tempo em uma só ideia. Nesse ponto, você está pensando amplamente e tentando obter o maior número possível de sementes de ideias.

Seja positivo. O processo criativo começa com a ideia de que tudo é possível. No minuto em que você ouve uma voz dizendo, "Essa é uma ideia ruim porque..." pare. Ela não é bem-vinda nesse momento. Algumas das melhores ideias são ramificações da semente original de uma ideia que, inicialmente, parecia completamente ridícula.

É muito revelador o fato de que a maioria das equipes de criação nas agências de publicidade são quase sempre aquelas que parecem mais se divertir. Dar risadas é um sinal claro de que sua mente está no ambiente certo, aberto a ideias.

Colete o maior número possível de sementes de ideias que puder. Mais tarde você selecionará as mais fortes e começará as considerações sobre refinamento e execução. Sempre tenha em mente que você não está procurando a solução perfeita — você está procurando várias boas soluções. Procurar a solução perfeita é uma busca condenada ao fracasso.

Dica rápida

Está sem ideias? Tente estas técnicas para ajudar a desbloquear sua mente:

Inverta o problema. O que você criaria se NÃO estivesse procurando emprego? Tente isso momentaneamente para ver o que acontece. Isso pode levar a ideias interessantes de uma maneira inesperada.

Pergunte a você mesmo como uma criança de cinco anos resolveria esse problema. Pensar como uma criança talvez ajude a criar novas ideias.

Tente mudar para um projeto diferente e volte à geração de conceitos de portfólio depois de trabalhar em outra coisa durante algum tempo.

Por último, pare para descansar. Seu cérebro vai navegar pelos desafios do *brief* e continuará a processar as ideias enquanto você

CAPÍTULO DOIS: Implemente a sua estratégia

Estreite o foco

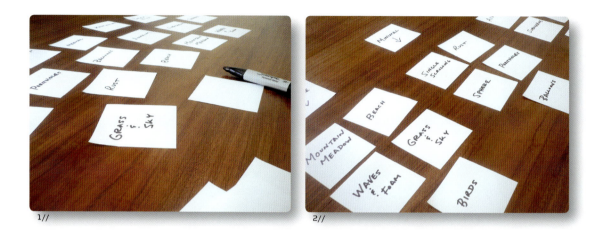

1//   2//

Depois que você se deu a liberdade criativa de pensar amplamente, onde tudo vale e nenhuma ideia é uma ideia ruim, você deve acabar ficando com algumas sementes de ideias um pouco dispersas e ambiguamente definidas. Se estiver rabiscando num bloco de notas, talvez você ache útil transferir essas divagações para pedaços de papel que você pode colar em uma parede ou espalhar em uma mesa. Dessa forma, você pode se afastar dos seus próprios pensamentos e preconceitos dessas ideias e visualizá-las objetivamente.

Ao transcrevê-las para o papel, atribua a cada ideia um nome curto para que elas comecem a formar uma identidade na sua mente. Quando as ideias estão na sua frente, comece a procurar padrões e consolidá-los em grupos. Possíveis agrupamentos poderiam ser "metáfora visual", "minimalista" ou "ilustrativo". Organizar suas ideias e compará-las entre si incentivam refinamento e edição. Ideias que parecem estagnadas podem ser postas de lado e ideias redundantes podem unir forças. Faça anotações por todo esse processo à medida que lhe surjam ideias de execução.

Classifique as ideias já consolidadas, da mais fraca à mais forte. Pense em tentar isolar suas cinco principais ideias para desenvolvê-las em mais detalhes. Que ideias lhe soam melhor? A que ideias você se vê continuamente voltando?

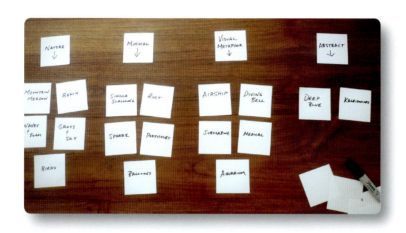

Quando você tiver uma lista curta, selecione cada ideia individualmente e faça anotações e esboços sobre cada uma para desenvolvê-las ainda mais. Faça perguntas a você mesmo sobre cada uma. Elas respondem ao *brief*? Elas são adequadas para sua estratégia? Elas são suficientemente inovadoras? Use esses critérios para classificá-las e refiná-las ainda mais.

Essa breve lista de ideias lhe dará segurança à medida que avança para as próximas fases. Agora você tem não apenas uma ideia, mas várias boas ideias. Se aquela que você escolher levar a cabo não funcionar, você tem outras às quais recorrer.

Se essa parte do processo o deixou frustrado com todas essas ideias, volte a pensar amplamente e deixe sua mente vagar livremente mais uma vez.

1// *Escreva nomes curtos para suas ideias em pedaços de papel com uma caneta grossa para ajudá-lo a visualizá-las todas juntas.*

2// *Disponha-as em grupos para ajudar a identificar temas comuns e ideias complementares.*

77

CAPÍTULO DOIS: Implemente a sua estratégia

Esboce suas ideias

Após sentir-se inspirado, ter gerado algumas ideias e, depois, reduzi-las a algumas das suas opções favoritas, é hora de pegar um lápis e caderno e começar a fazer o esboço das suas ideias para que elas ganhem vida. Esse passo é importante: se usar apressadamente suas ferramentas de design normais, você poderá se distrair com os detalhes da execução, em vez de permanecer centrado na ideia e comunicação por trás da execução. Esboços também podem ser úteis para receber feedback dos colegas. Se você puder transmitir as questões que está tentando fazer na forma de um esboço, é provável que elas sejam bem adequadas para projetos finais.

1// *Esboçar livremente é uma boa maneira de continuar seu brainstorming criativo. Mantenha a mente aberta à medida que desenha.*

2// *Agora passe para a fase de esboçar a arquitetura subjacente do seu site de portfólio e comece a mapeá-la para seu conceito.*

1//

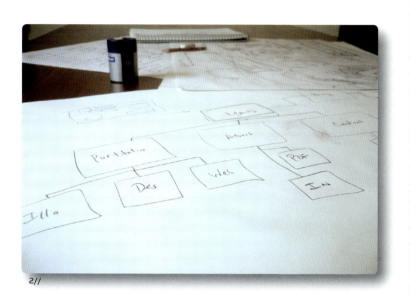
2//

Dica rápida

Esboços do design de interface podem ser usados para testes de usuário rápidos e fáceis. Pegue cinco amigos e mostre seus esboços um a um. Pergunte onde eles clicariam se estivessem verificando seu trabalho e qual impressão a apresentação fornece. Eles são capazes de encontrar os detalhes de contato?

Faça de conta que eles são um potencial cliente que está avaliando seu trabalho. Incentive-os a pensar em voz alta e faça anotações sobre suas observações à medida que eles prosseguem. Quando eles indicarem onde clicariam, você pode trocar de esboço para mostrar a visualização resultante que eles teriam se estivessem visitando seu site final.

É importante observar que você também vai pensar (ou repensar) na arquitetura de informação do seu site de portfólio conceitual. Isso significa que você irá analisar onde inserir suas informações pessoais, como os visitantes acessarão seu trabalho e como as informações sobre seu trabalho serão incluídas. Considerar bem tudo isso na fase do esboço economizará tempo no projeto.

Passe de esboços de alto nível para esboços detalhados de baixo nível como uma maneira de analisar rapidamente o pensamento conceitual e organizacional. Esse tipo de projeto conceitual interativo exige muita alternância entre o cérebro esquerdo e direito. Lembre-se de voltar ao seu material de referência para obter inspiração.

CAPÍTULO DOIS: Implemente a sua estratégia

Crie impacto visual

Você está competindo com um mar de comunicadores visuais, assim é importante criar um bom impacto visual para os avaliadores quando eles acessam seu site pela primeira vez. Lembra-se daquela analogia de palco usada anteriormente? No momento em que os visitantes chegam é como se a cortina subisse em um espetáculo. O que os atrairá primeiro? Com que tipo de cenário visual eles serão recebidos?

Uma boa abordagem é colocar o conteúdo mais importante no primeiro plano a fim de criar essa importante primeira impressão. A maneira como você opta por exibir esse trabalho, talvez ao mesmo tempo com trechos de outras partes, e a maneira como você retrata o conceito de "embalagem do site" que você criou são variáveis que afetam o impacto visual do site.

1//

2//

3//

4//

1// Kashmir Creative, Alex Antuna, kashmircreative.com
Minimalismo, beleza e tensão criam um impacto visual nesse site.

2// X Producciones Graficas, Javier Castillo, xgraphica.com
Javier permite que o conteúdo flutue livremente sobre uma rica textura de fundo.

3// Moxie Sozo, moxiesozo.com
Nunca subestime o simples poder de associar uma imagem envolvente a uma mensagem direta.

4// Adhemas Batista, adhemas.com
Adhemas sabe como atrair nossa atenção!

5// Robert Lindström, Designchapel, designchapel.com
A página inicial do Designchapel estabelece altas expectativas para imagens, tipografia e direção de arte.

6// Flourish Web Design, floridaflourish.com
Aqui, uma metáfora visual bem executada está adequadamente integrada à estrutura e à navegação do site.

Em muitos casos, os próprios avaliadores são profissionais de criação e provavelmente têm monitores razoavelmente grandes. Tire o máximo proveito disso levando em consideração imagens grandes na página principal e por todo o seu portfólio, a menos que haja uma razão conceitual específica para exibir seu trabalho em uma escala menor.

Reveja seus esforços para coletar inspiração visual e componha *moodboards* de acordo com um estilo visual que seja adequado àquilo que você tem em mente. Um esboço conceitual refinado e um *moodboard* evocativo são excelentes ferramentas básicas para passar à execução do boneco do site no Photoshop.

Ao começar a fase de design real da sua solução de criação, use todas as suas habilidades de comunicador visual para executar seu conceito. O boneco das páginas Web pode ser produzido em qualquer programa, mas o Adobe Photoshop é o padrão da área e contém muitos recursos especialmente adequados para as tarefas envolvidas.

CAPÍTULO DOIS: Implemente a sua estratégia

Construa um protótipo

Um protótipo permite a visualização antecipada do resultado final que lhe dá a direção e a perspectiva necessárias para aprimorar e refinar o trabalho em andamento do seu site de portfólio.

Entre as muitas formas que ele pode assumir, está um conjunto de bonecos feitos em Photoshop linkados via mapas de imagem HTML simples, de modo a permitir que você e outras pessoas possam clicar para navegar pelo "site". Um protótipo também pode ser uma compilação XHTML e CSS real que simplesmente não está conectada a nenhum banco de dados ou servidor de gerenciamento de conteúdo. É excelente introduzir prototipagem de animação Flash nessa fase se você mesmo estiver fazendo esse trabalho ou colaborando com alguém.

Essas abordagens do design e da construção de um protótipo são poderosas porque fornecem insights sem muitos esforços inúteis. Elas permitem que você tome medidas firmes em direção ao objetivo final sem muito comprometimento em uma determinada direção, caso você opte por mudar de caminho.

Um protótipo cria outra oportunidade de convidar outras pessoas para que recebam feedback e facilita alguns testes básicos com usuários do site. As pessoas são capazes de encontrar as partes essenciais do seu portfólio?

1// Usando softwares como o Adobe Dreamweaver, crie mapas de imagem sobre os bonecos de página para vinculá-las como um protótipo da navegação.

2// O HTML básico por baixo deste tipo de protótipo revela a simplicidade da implementação, em comparação com as páginas completamente desenvolvidas.

1//

82

Dica técnica

Se você optar por criar bonecos projetados e criar links via mapas de imagem HTML simples, você também poderá usar esse protótipo como uma ferramenta útil para fornecer um *briefing* ao desenvolvedor. Ao clicar nas páginas, os visitantes serão capazes de visualizar melhor o trabalho a ser feito.

À medida você passa dessa fase para a construção e execução final real, é recomendável consultar a seção de dicas técnicas anteriormente neste livro para entender aspectos do desenvolvimento e da hospedagem Web a fim de criar um site de portfólio (ver p. 32-33).

Dê a alguém uma tarefa a realizar como "Encontre experiência de ilustração e detalhes de contato" e observe-o tentando executá-la. Se você criou um site intuitivo, as pessoas devem ser capazes de realizar tarefas básicas como essa e observá-las realizando a tarefa pode levar a um *insight* útil.

Ao criar bonecos a partir do seu trabalho conceitual, é recomendável rever os elementos essenciais discutidos anteriormente neste livro para, primeiro, avaliar se você atende as necessidades básicas do seu público-alvo e, segundo, avaliar se você está inovando para se destacar dos outros.

Se você não estiver satisfeito com a maneira como as coisas ganham forma na fase de prototipagem do design, não se preocupe. Sempre é possível voltar alguns passos e rever sua breve lista de ideias para obter outras direções que agora poderiam ter um apelo renovado. Não está satisfeito com sua breve lista de ideias? Dê mais um passo para trás e pense amplamente mais uma vez a fim de gerar um novo conjunto de ideias. A geração de ideias por meio da prototipagem e vice-versa é um processo produtivo e interativo que pode ser repetido tantas vezes quantas forem necessárias para fazer a coisa certa.

83

Galeria

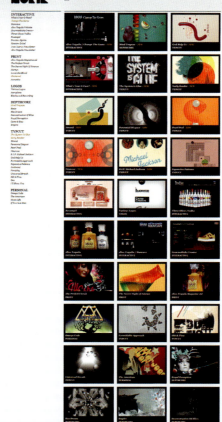

The Norik, thenorik.com
Design, ilustração e direção de arte
Cidade de Nova York, EUA
Combinação de navegação por listas
e formato de galeria (Indexhibit) com
blog (WordPress).

Jessica Hische, jessicahische.com
Tipografia, design e ilustração
Brooklyn, cidade de Nova York, EUA
Formato navegação por lista com blog.

Galeria

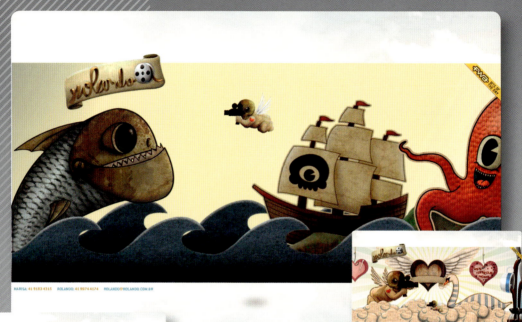

Rolando Mèndez Acosta, rolando.
com.br

Diretor de fotografia e cineasta

Brasil

Formato conceitual (metáfora visual).

Jeff Vermeersch, vermeersch.ca
Group Head of Interactive, Taxi
Toronto, Canadá
Formato conceitual (rolagem multidirecional).

Galeria

Adam Rix, adamrix.com

Design, direção de arte e criação de marca (branding)

Manchester, Reino Unido

Formato conceitual (apresentação de slides).

Site construído por Jono Brain, digital-blahblah.com.

Ray Sison, skilledconcept.com
Direção de arte, design gráfico e fotografia
Cidade de Nova York, EUA
Formato de navegação por lista com blog (WordPress).

CONTEÚDO

Capítulo Três:
O que incluir

- Demonstre seu processo criativo   92
- Ilustre o alcance de suas habilidades   96
- Um portfólio bem focado   100
- Quanto é demais?   102
- Desenvolvendo novos trabalhos para seu portfólio   104
- Preparando as imagens para visualização digital   108
- Filmando para seu portfólio   110
- Digitalizando   112
- Trabalhando com vídeo   114
- Declarando seu objetivo   116
- Descrições de projeto   118
- Estudos de caso   120
- Biografia e currículo   122
- Mantendo um blog   124
- Informações para contato   126

Capítulo Quatro:
Aspectos jurídicos e ética

- Trabalho realizado para um empregador anterior   128
- Lei de direitos autorais: protegendo seu trabalho   130
- Trabalhos derivados e uso aceitável   134
- Dando o crédito aos colaboradores   136

Galeria da Seção Dois   138

CONTEÚDO

Capítulo Três:
O que incluir

- Demonstre seu processo criativo — 92
- Ilustre o alcance de suas habilidades — 96
- Um portfólio bem focado — 100
- Quanto é demais? — 102
- Desenvolvendo novos trabalhos para seu portfólio — 104
- Preparando as imagens para visualização digital — 108
- Filmando para seu portfólio — 110
- Digitalizando — 112
- Trabalhando com vídeo — 114
- Declarando seu objetivo — 116
- Descrições de projeto — 118
- Estudos de caso — 120
- Biografia e currículo — 122
- Mantendo um blog — 124
- Informações para contato — 126

Capítulo Quatro:
Aspectos jurídicos e ética

- Trabalho realizado para um empregador anterior — 128
- Lei de direitos autorais: protegendo seu trabalho — 130
- Trabalhos derivados e uso aceitável — 134
- Dando o crédito aos colaboradores — 136

Galeria da Seção Dois

CONTEÚDO

Agora que você já criou um portfólio, como você decide o que inserir nele? Escolher exatamente o que incluir é um desafio interminável. Idealmente, você terá a capacidade de agregar facilmente a mistura exata uma vez que essa tática será adequada para a mais ampla variedade de estratégias. Mas, à medida que nos aproximamos dessa próxima fase, identificaremos algumas diretrizes que se aplicam à maioria dos cenários.

Seu trabalho não é tudo o que o portfólio contém — ele também é o local da sua história pessoal. Nesta seção, abordamos o papel das informações adicionais e fornecemos dicas úteis sobre a legislação de direitos autorais e a proteção do seu trabalho. Há certas obrigações éticas de que você deve estar ciente quando se aproxima o momento de lançar seu novo site. O Capítulo Quatro também irá discuti-las.

CAPÍTULO TRÊS: O que incluir
Demonstre seu processo criativo

Ao começar a escolher o que inserir no seu portfólio, é útil rever a estratégia e os objetivos. Qual é a importância daquilo que você está tentando alcançar para poder fornecer exemplos do seu processo de criação? Para alguns profissionais de criação, será obrigatório mostrar como eles pensam e trabalham. Para outros, será simplesmente uma oportunidade de incluir mais detalhadamente novas informações sobre suas personalidades e habilidades percebidas.

Diretores de arte, profissionais de criação e outros responsáveis pela concepção talvez queiram mostrar esboços e outras produções preliminares para fornecer uma indicação do pensamento conceitual que vai do *briefing* à solução, e das grandes ideias à execução da comunicação.

Ilustradores talvez queiram mostrar estudos composicionais e esboços preliminares, dependendo do tipo de trabalho que buscam. Um ilustrador procurando trabalhar junto com outros profissionais de criação talvez esteja mais inclinado a mostrar o processo do que falar com aquelas pessoas que não desempenham papéis criativos.

Fotógrafos responsáveis por sua própria direção de arte e conceitos fotográficos talvez queiram exibir esboços e diagramas esquemáticos indicando como conceituar e planejar suas fotos se estiverem tentando conquistar um trabalho colaborativo com outros profissionais de criação.

1//

Se você já desenvolveu uma técnica inovadora, pode tentar documentá-la para criar parte de um histórico de trabalho. Por exemplo: um artista que desenvolveu sua própria forma de encáustica e combinou pintura e mídia digital talvez não queira revelar todos os seus segredos, mas mostrar algumas fotos do processo de pintura com legendas simples pode ajudar a ampliar o significado das pinturas para quem chegar a vê-las.

2//

Dica de design

Isso é bom para mostrar seu trabalho em um contexto próprio a fim de fortalecer a imagem geral e demonstrar a qualidade do trabalho e sua eficácia em uma aplicação prática.

Uma maneira simples e eficiente de apresentar o processo é incluir esboços iniciais, bonecos, protótipos e outros trabalhos em progresso como uma seção de detalhes do próprio trabalho final. Quando os avaliadores se aprofundam em um projeto no nível dos detalhes, as primeiras poucas imagens poderiam ser as melhores fotos finais do projeto, mas, à medida que eles se aprofundam mais, as imagens relacionadas ao processo começariam a aparecer. Isso cria um efeito de camadas de apresentação que são "descascadas" e vão revelando gradualmente o processo de criação.

As notas que você inclui no seu trabalho são uma grande oportunidade para fortalecer as imagens com informações sobre seu processo. Discutiremos isso mais adiante neste capítulo.

Uma maneira envolvente de documentar o processo é produzir um vídeo ou criar um efeito *stop-motion* fotografando as imagens estáticas em um tripé posicionado na frente de onde você está trabalhando. Associado à forma de vídeo, o efeito de observar uma parte ganhar vida em tempo acelerado pode ser hilariante. Há vários exemplos bons disso na Web, especialmente em pintura de murais e arte de rua.

1// *Maciej Hajnrich, valpnow.com*
Antes e depois da ilustração fotográfica.

2// *Jessica Hische, jessicahische.com*
Exemplo de trabalho mostrado dentro e fora do contexto.

Capítulo Três: O que incluir

1// Heads of State,
theheadsofstate.com
Instalação de tipografia no teto de
uma sala de estudo.

2// Jelle Gijsberts,
jellepelle.nl/archives/282
Vídeo tutorial da ilustração.

3// Oleg Kostuk, theoleg.com
Animações do processo.

4// Toby Caves, phigerone.com
Pós-produção de vídeo.

Uma abordagem totalmente diferente e que atrai outros profissionais de criação é criar tutoriais passo a passo. Você pode criar conteúdo que ajuda outros designers, ilustradores e artistas a recriar algumas das técnicas que você inventou ou executar tarefas e técnicas pré-existentes em que você se especializou. Você descobrirá que bom conteúdo atrai a atenção dos seus colegas e demonstra a potenciais clientes e empregadores a capacidade não apenas de entender técnicas complexas, mas também de transmitir esse entendimento a outros.

Tutoriais podem assumir a forma de texto e imagens ou animação e vídeo. Use um software de captura de tela como o Camtasia da TechSmith (techsmith.com) ao documentar os processos no computador para saída em vídeo. Veja as notas sobre como trabalhar com vídeo mais adiante neste capítulo.

Uma advertência: certifique-se de que você não está simplesmente enfatizando o óbvio, a menos que os tutoriais sejam claramente direcionados a iniciantes, uma vez que isso pode parecer amador.

3//

4//

Capítulo Três: O que incluir

Ilustre o alcance de suas habilidades

Você procura um papel de especialista ou de generalista? O que seu potencial empregador ou cliente procura? O que sua estratégia informa?

Talvez você tenha de trabalhar em diversas disciplinas. Talvez você tenha de trabalhar a partir das suas aulas de arte e design. Talvez você tenha projetos pessoais. O segredo para ilustrar suas capacidades é fornecer uma clara estrutura, rotulagem e navegação para que as pessoas encontrem o que procuram. Consulte as seções sobre a arquitetura de informação (p. 48-49) e o design de navegação (p. 50-51).

Algumas disciplinas de criação se complementam mais do que outras. Com essas combinações, fica mais fácil para os avaliadores entender as habilidades que você tem em ambos os papéis e, mais importante, como eles podem tirar o máximo proveito do seu amplo alcance caso optem por contratá-lo. Por exemplo, em muitos aspectos a ilustração e o design gráfico caminham lado a lado. O design gráfico faz excelente uso das ilustrações, e boas ilustrações contam com os mesmos princípios de composição e harmonia de cores que o design gráfico.

1//

Em outros casos, as conexões entre as disciplinas talvez não sejam tão simples e diretas e devam ser consideradas cuidadosamente. Se duas disciplinas não forem naturalmente harmoniosas, poderia haver algum conflito de interesses. Os avaliadores precisam se sentir seguros de que você é um especialista na disciplina para a qual eles talvez queiram contratá-lo. Se você der o mesmo peso a duas áreas da disciplina em seu repertório e uma dessas áreas não tiver um bom relacionamento com a área que eles estão investigando, eles poderiam questionar seu comprometimento com a disciplina original.

Um exemplo de duas disciplinas que normalmente não se relacionam poderia ser pintura e design de produto. Esse é um problema pelo qual vale a pena perder o sono? Provavelmente não. Mas se você tiver uma coleção ímpar de disciplinas, pense em dar destaque a uma delas e posicione as outras em segundo plano. Esse simples ato de esclarecimento hierárquico pode mudar completamente a percepção, passando da potencial dissonância para "Esse profissional tem profundas habilidades".

Na maioria dos casos, é recomendável escolher o trabalho que melhor ilustra todo o alcance das suas habilidades. Se houver um estilo visual comum por todo seu trabalho, independentemente da área disciplinar, você tem sorte. Um estilo de apresentação eficaz poderia ser exibir todo seu trabalho conjuntamente, desde que ele flua como uma amostra inspiradora da sua capacidade de criação. Um dispositivo de navegação que permite aos visitantes filtrar seu trabalho por disciplina pode ser um bom complemento a essa abordagem. No caso de um formato de longa página rolante, uma lista das categorias no rodapé de cada página para filtrar o trabalho é uma forma concisa de indicar seu amplo alcance.

2//

3//

1// Zeebee Visual Communications, zeebee.co.uk
Exemplo de sistema de navegação conceitual ilustrando uma variedade de disciplinas.

2// Johnnydoes, johnnydoes.nl
Exemplo de clara rotulagem de disciplinas para ilustrar o alcance profissional.

3// Resn, resn.co.nz
Listagem simples e direta das habilidades para ilustrar o alcance profissional.

A navegação do seu site é uma das oportunidades mais imediatas de ilustrar seu alcance. Fornecer seções claramente identificadas para sua galeria a fim de que os visitantes possam pesquisar seu trabalho por disciplina é uma tática eficaz quando suportada por uma quantidade suficiente de trabalho de qualidade. Evite criar seções para disciplinas que você não domina completamente, uma vez que você pode frustrar as expectativas. Dito de outra forma: não prometa demais, não entregue de menos.

Criar múltiplos portfólios é uma boa tática para atrair interesse de diferentes redes e nichos de mercado. Uma maneira de fazer isso é associar um portfólio principal a um endereço com seu nome e, então, múltiplas presenças nas redes sociais de profissionais criativos como o Behance e o Flickr. Dessa forma, você concentra suas habilidades e estilos no público mais receptivo a cada orientação. Qualquer pessoa que explore seus talentos em profundidade terá uma noção das suas habilidades de acordo com um ritmo próprio ao seguir links entre um portfólio e outro. Várias versões do seu portfólio em diferentes endereços também podem ser úteis para ajustar o conteúdo a fim de preparar-se para diferentes entrevistas de emprego e para diferentes oportunidades de vender seu trabalho a potenciais clientes.

1// *Darek Nyckowiak, thetoke.com*
Infográfico das capacidades por disciplina.

2// *Paul Lee Design, paulleedesign.com*
Exemplo de um estilo uniforme cobrindo mais de uma disciplina.

3// *Darren Whittington, digitalvsprint.com*
Exemplo de vídeos de apresentação de slides para exibir uma série de trabalhos em uma área pequena.

1//

É importante perceber que você não deve colocar todo seu trabalho em um portfólio apenas porque você pode. Um avaliador sobrecarregado e confuso não é um avaliador impressionado. Foco é bom, assim como consistência. Aos olhos de muitos possíveis clientes e empregadores, o melhor parâmetro para definir seu potencial é reconhecer o ponto mais fraco do seu currículo. Se não se sentir à vontade com uma amostra específica do trabalho por qualquer que seja a razão, não a utilize. Consulte o tópico "Quanto é demais?" mais adiante neste capítulo.

P: Que conselho geral você daria sobre o que escolher para mostrar?

"Mostre aquilo de que você tem orgulho. Fico pasmo quando pergunto a um candidato sobre algo no seu portfólio e ele diz que na verdade não gosta dessa parte ou que não é seu ponto mais forte. Então, tire isso do seu portfólio, ora! Só mostre seu melhor. Se isso significar apenas algumas peças, provavelmente você deve trabalhar nisso mais um pouco."
—Blake Kidder, diretor de criação associado, TBWA\Chiat\Day, Los Angeles

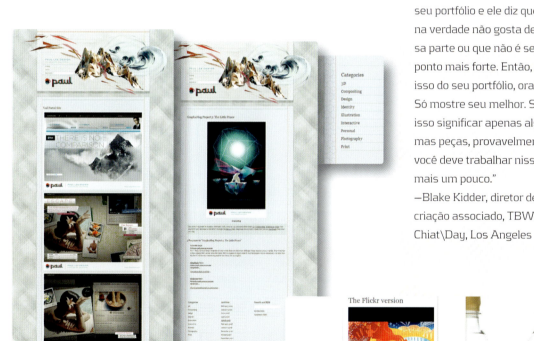

2// 3//

Um portfólio bem focado

Alguns empregos exigem generalistas. Outros exigem especialistas. Às vezes, é bom mostrar uma gama de habilidades. Às vezes, é bom mostrar que você mergulhou fundo em uma determinada área de especialização.

É importante fazer sua lição de casa. Conheça seu objetivo e o público-alvo, como discutido na Seção Um, e tenha a habilidade de alterar o conteúdo do seu portfólio de forma rápida e fácil para ajustá-lo a entrevistas específicas com potenciais clientes ou empregadores.

Um exemplo de um cenário em que você talvez queira mostrar alguma especialização no seu portfólio é se você estiver respondendo a um anúncio de emprego muito específico e outras áreas da sua profissão não complementam muito bem a especialização. Se você tem um design gráfico baseado em tipografia no seu portfólio e também se interessa por ilustração de personagens, ao se candidatar a uma vaga que exige capacidade em design gráfico tradicional, você pode focar seu portfólio básico no trabalho tipográfico.

Em algum ponto na sua carreira, provavelmente deixará de ser apropriado incluir trabalho escolar no seu portfólio. Incluir trabalho escolar por um período de tempo maior do que três anos na sua carreira poderia levantar um sinal vermelho entre os avaliadores. Depois desse período de tempo, deve haver trabalho real suficiente que possa ser aproveitado para preencher seu portfólio. Se

1//

esse não for o caso, considere criar suas próprias atribuições, já que "projeto pessoal" é um rótulo menos alarmante do que "trabalho escolar." Discutiremos técnicas para desenvolver novos trabalhos para seu portfólio mais adiante neste capítulo.

Mas, independente do número de trabalhos que você decida colocar no seu portfólio, pense como flui o arranjo do seu trabalho. Como se você estivesse compondo um filme, tome cuidado para que cada parte corresponda naturalmente às partes antes e depois dele. Como discutido, conduza a apresentação do portfólio com algo forte. Também é bom concluir com algo impactante, portanto, um truque padrão é inserir a sua segunda melhor peça por último. Tenha cuidado para não inserir muita coisa no seu portfólio, o avaliador talvez não vá tão longe.

1// Toothjuice, Josh Clancy, toothjuice.net
Exemplo de um bem focado portfólio de ilustração de uma página.

2// Louise Fili, louisefili.com
Um portfólio de design gráfico e embalagens bem focado.

3// Maciej Hajnrich, flickr.com/photos/valp00
Use o Flickr para criar conjuntos de imagens bem focados.

Quanto é demais?

Detalhes em excesso no seu portfólio poderiam indicar a um avaliador que você tem dificuldade de enxergar o quadro geral, que talvez não tenha as habilidades fundamentais de edição ou que talvez você seja excessivamente autocentrado. Uma orientação geral é manter o número de projetos apresentados na parte principal do seu portfólio entre 10 e 20. Há várias oportunidades de mostrar mais de uma imagem ou outro tipo de mídia por projeto, assim essa quantidade deve ser facilmente acomodada e mesmo assim fornecer grande profundidade de conteúdo.

Também é útil que o avaliador sempre saiba em que ponto da sua coleção ele está e quanto falta para chegar ao final. Isso se resume à usabilidade Web básica.

Pode ser útil ser capaz de reorganizar rapidamente seu trabalho com base no tipo de entrevista que você terá.

1//

2//

Eis algumas dicas para ajudá-lo a editar:

Se, por qualquer razão, você não estiver empolgado com uma parte, deixe-a de lado. É muito provável que, se você não gosta do que vê, os avaliadores também não gostarão.

Tenha cuidado para não adicionar trabalho que você não gosta de fazer, mas que você acha que vai ajudá-lo a conseguir um emprego. Você provavelmente irá receber mais propostas desse tipo de trabalho.

Evite repetição. Se houver várias partes que demonstram habilidades semelhantes, considere reduzi-las e equilibre essas partes com outros exemplos do seu repertório.

Lembre-se de que sempre é possível dividir seu portfólio em seções por disciplina se você tiver um amplo campo de atuação que abrange diversas áreas. Isso fornecerá foco e permitirá que o avaliador assuma controle da experiência e veja o que ele quer ver.

Da mesma forma, seu campo de atuação mais forte poderia ser inserido no conjunto principal do seu portfólio e o restante, que não se qualifica tão bem, em um conjunto separado como um apêndice. Dessa forma, se um avaliador pedir para ver mais trabalho de um tipo específico, você terá algo disponível para mostrar-lhe.

P: Quanto trabalho as pessoas devem incluir nos seus portfólios?

"Para mim, são os primeiros 5 a 8 exemplos que fazem 90% do trabalho, então eu diria 15 a 20 é a quantidade máxima."
—Iain McDonald, Founder, Amnesia Razorfish, Australia

1// Form Troopers, formtroopers.com
Exemplo da inclusão de múltiplas peças em uma visualização para condensar a apresentação geral.

2// Proud Creative, proudcreative.com
Exemplo de boa edição e organização para cobrir uma ampla área com relativamente poucos projetos.

Desenvolvendo novos trabalhos para seu portfólio

Seu portfólio parece fraco? Quer ampliar suas habilidades e obter mais trabalho do tipo que você gostaria de fazer? Resolva isso criando trabalho especificamente para seu portfólio. Analise os portfólios que você admira e crie atribuições para preencher o seu com o trabalho que simule aquilo que você aprecia e o tipo de trabalho pelo qual você quer ser pago para fazer. Consulte o tópico sobre como colher inspiração no Capítulo Dois para encontrar portfólios inspiradores.

Empregadores que querem contratar pessoas mais jovens e menos experientes entendem que é difícil preencher um portfólio com trabalho remunerado quando você está começando ou fazendo uma mudança na carreira, e eles vão admirar sua determinação se você criar suas próprias atribuições para aprimorar suas habilidades.

Você poderia tentar abordar uma atribuição inventada como se fosse um trabalho *freelance*. Certifique-se de que há um *briefing* e um prazo final claros. Um período de tempo indeterminado não é ideal se estiver tentando preencher seu portfólio e começar a trabalhar rapidamente.

1//

2//

Ao criar uma tarefa para você mesmo, pode ser útil levar em consideração o seguinte:

Crie um *briefing* realizável

Escolha algo que poderia existir no mundo real e que seja semelhante ao tipo de trabalho remunerado que você procura. Torne-o realista; algo que você pode alcançar. Torne-o específico e invista todo seu potencial.

Prepare-se

Encontre a inspiração certa pesquisando em outros portfólios o tipo de trabalho que você gostaria de fazer. Divida suas técnicas e tente imitá-las. Leia tutoriais online e pratique as técnicas discutidas. Você encontrará recursos úteis em *clazie.com/digitalportfolios*.

Defina um prazo final

Um projeto no forno sempre permanecerá no forno se o cronômetro nunca anunciar o fim do tempo. Gerencie suas atividades e estabeleça metas pequenas para dividir a tarefa em partes alcançáveis.

1// *GrandArmy para Wieden+Kennedy, grand-army.com* Antecipação inspiradora: a campanha The Nike Wild Pitch. "Uma proposta pedindo que a Nike ressuscitasse seu clássico e cultuado tênis McFly 2015 apresentado no filme De volta para o futuro 2. Eles atenderam ao pedido."

2// *Projetos pessoais de Adhemas Batista, adhemas.com*

Obtenha feedback

Quando você tem algo que um colega pode avaliar criticamente, seja isso um esboço ou projeto final, busque feedback e tenha a mente aberta. Incentive-os a ser honestos. Aprenda a ouvir críticas ao seu trabalho. Receber bem um feedback é uma das qualidades mais importantes de um bom profissional de criação.

Tenha várias cartas na manga

Se houver um bloqueio mental, pode ser útil ter alguns outros projetos em andamento, especialmente aqueles que exercitam diferentes partes do cérebro. Isso permite que você mude de ares e relaxe. Coletar material de referência para sua biblioteca ou contribuir para um blog pode produzir desbloqueadores adequados.

Colaborar com outros profissionais de criação em situações semelhantes pode ser uma ótima maneira de concentrar recursos e energia. Você descobrirá várias maneiras de se conectar a pessoas com ideias afins em redes sociais de profissionais de criação como o Behance.

Assumir um desafio de *crowdsourcing* pode ser outra maneira de designers gráficos e Web designers preencherem seus portfólios rapidamente se não houver problemas em realizar trabalhos, aceitando que talvez você não seja pago. Como dissemos anteriormente (ver p. 66-67), esse é um tema um pouco controverso. Analise o debate antes de decidir se deve ou não participar do *crowdsourcing*.

1//

2//

3//

Se você decidir experimentá-lo, visite uma das plataformas mais populares voltadas para design como o crowdSPRING (crowdspring.com) e procure as concorrências. Encontre uma com a qual você se sente seguro e teste-a. Se você não ganhar, possivelmente você acabará com algo que poderia ser apropriado para seu portfólio.

Além disso, há muitas concorrências entre profissionais de criação acontecendo em vários momentos. Participar delas é outro incentivo poderoso para criar seu próprio trabalho sem ter um cliente.

1// *HunterGatherer, Todd St. John, huntergatherer.net*
Camisetas promocionais.

2// *Nelson Balaban, xtrabold.net*
Ilustração tipográfica experimental.

3// *Kris Robinson, oinkfu.com*
Um dos trabalhos inscritos em uma concorrência para ilustração colaborativa.

Preparando as imagens para visualização digital

Se seu trabalho não estiver em um formato digital, você precisará digitalizá-lo para incluí-lo no site do portfólio. Suas escolhas para digitalizar trabalhos de criação físicos são fotografar ou digitalizar.

Se você usa um birô que fornece serviços profissionais de digitalização, essa poderia ser a melhor opção pela simplicidade e facilidade geral para material que é completamente plano. Mas a fotografia estática, com equipamentos de iluminação corretos e uma boa câmera, geralmente produz resultados de alta qualidade.

Depois de digitalizar os trabalhos, você terá arquivos fonte com resolução de 300 dpi ou mais em um formato não compactado com os quais trabalhar. TIFF é um formato adequado para digitalizar ou salvar. Se o formato JPEG for sua única opção para arquivos fonte, certifique-se de que a qualidade de compactação está configurada como máxima ou, pelo menos, muito alta.

Quando tiver uma coleção de arquivos fonte do seu trabalho, você pode gerar os arquivos JPEG ou PNG prontos para a Web de acordo com as dimensões exigidas pelo design do seu portfólio. Navegadores Web geralmente suportam três formatos de imagem: JPEG, PNG e GIF. Como este último é mais apropriado para imagens digitais nativas de uma aparência específica, é raro que imagens digitalizadas sejam otimizadas nesse formato.

1//

2//

Compare você mesmo os formatos com suas próprias imagens e escolha aquele que você acha que fornece os melhores resultados. Se estiver usando compactação JPEG, lembre-se de que esse é um site de portfólio e você quer que seu trabalho tenha uma boa aparência. Com as atuais conexões de alta velocidade da Internet, na maioria dos cenários não há problemas em configurar as imagens como qualidade JPEG muito alta, desde que a otimização do tamanho de arquivos seja levada em consideração.

A resolução de tela padrão (o número de pontos por polegada na tela de um computador) é 72dpi. Ao salvar as imagens prontas para a Web a partir dos seus arquivos fonte, use essa resolução e lembre-se de não salvar por cima dos arquivos de origem. É recomendável mantê-los na resolução máxima para uso posterior.

1// *Moxie Sozo, moxiesozo.com*
Tirar fotos de qualidade das partes impressas a partir de vários ângulos cria uma oportunidade de construir novas composições e obter mais experiência e profundidade do seu trabalho.

2// *Matt Titone, matttitone.com*
Aqui, várias partes de um projeto foram organizadas para criar a aparência de uma colagem que ocorre naturalmente.

Filmando para seu portfólio

1//

Se estiver fotografando arte-final plana ou designs impressos, você deve fotografar tendo a qualidade, o equipamento correto e o ambiente em mente. Para seu portfólio, o conteúdo certo fotografado da maneira errada não receberá a atenção que merece.

Fotografar objetos bidimensionais é relativamente fácil. Fotografá-los bem é um pouco mais desafiador e também exige algumas habilidades específicas para que o resultado final seja o esperado. Fotografar objetos tridimensionais é um desafio ainda maior, uma vez que há um peso maior sobre a iluminação ideal e outros fatores. Faça isso corretamente e você tem uma excelente oportunidade de adicionar beleza, calor humano e profundidade ao seu portfólio.

A abordagem mais confiável e simples talvez seja contratar um fotógrafo profissional com experiência em fotografar trabalhos artísticos e design. Se você mesmo preferir fazer isso, eis uma lista de equipamentos necessários:

1. Uma câmera SLR digital com uma boa objetiva zoom (para preencher o quadro com a arte-final) e um filtro polarizador (para ajudar a reduzir o reflexo de lente)
2. Dois holofotes poderosos
3. Dois pedestais
4. Capas de difusão para os holofotes
5. Um tripé para a câmera
6. Um fotômetro
7. Um nivelador vertical

Algumas diretrizes gerais a ter em mente ao fotografar:

Balanço de cores é muito importante e pode ser difícil de corrigir depois de fotografar, portanto preste atenção às configurações de cores da câmera.

Fotografe no modo manual e faça várias exposições com metade, uma, uma e meia e, então, duas paradas acima e abaixo da leitura recomendada.

Preencha o quadro da câmera com o tema em vez de deixar uma grande área em torno dele. Isso ajuda a corresponder as dimensões da imagem digital com as do original.

Coloque a foto em uma parede e use um nivelador para posicionar a câmera na frente do objeto fotografado para que a objetiva aponte para esse objeto em uma linha diretamente paralela ao chão.

Use um fundo adequado como papel com cores neutras para não tirar a atenção do tema da foto.

Posicione as luzes em um ângulo de 45 graus em relação ao tema para evitar brilho de lente.

Ajuste as imagens no Photoshop (visualizadas em um monitor bem calibrado) para fazer quaisquer ajustes finais necessários no balanço de cores e no contraste.

Uma técnica comum para trabalho tridimensional (ou qualquer trabalho impresso em que é útil mostrar a dimensão e as características físicas do material) é fotografar o objeto segurando-o na sua frente. Com o rosto fora do quadro para evitar distração, o efeito pode ser bem atraente e humanizante quando fotografado com boa qualidade.

2//

1// Jan Pautsch.Lilienthal,
thismortalmagic.com
Uma variação sutil da técnica popular
de segurar um trabalho impresso
na frente da câmera com a face
obscurecida.

2// 25ah, 25ah.se
A disposição dessas peças impressas
torna-se quase um retrato espontâneo
de um grupo de músicos.

Digitalizando

Digitalizar seus trabalhos de criação planos com um scanner pode ser feito profissionalmente por um birô de serviços ou em casa com um scanner simples. Scanners profissionais fornecem melhor qualidade do que a maioria dos scanners comuns mais baratos. Serviços profissionais geralmente também digitalizam material de tamanho maior que A4, que costuma ser o maior formato que os scanners desktop digitalizam.

Se qualidade e tamanho forem a principal preocupação, pense em contratar um serviço de digitalização profissional na sua região. Mas se você tiver um scanner em casa e preferir esse método, eis algumas dicas:

- Antes de digitalizar, limpe a superfície com um limpador de vidro e um pano limpo e macio. Deixe secar.
- Certifique-se de que as bordas do seu trabalho estejam paralelas às bordas do scanner.
- Ao digitalizar partes espessas e que, portanto, levantam a tampa do scanner, deixando a luz entrar, coloque um pano escuro sobre a peça em vez de fechar a tampa.
- Mesmo se estiver preparando imagens para exibição em 72 dpi, digitalize em uma resolução maior para ter mais liberdade para trabalhar. Considere no mínimo 300 dpi.

Se precisar digitalizar qualquer coisa maior do que a área do scanner, digitalize em partes e use o Photoshop para "costurá-las". Salve cada segmento digitalizado no mesmo formato PSD como diferentes camadas e certifique-se que estejam alinhadas. Configure o modo de mesclagem da camada superior como Diference e posicione-a corretamente sobre a camada abaixo dela até que a área de sobreposição fique completamente preta.

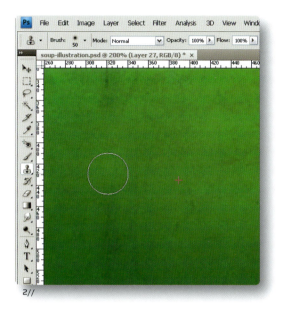

Dica rápida

Acima de tudo, não há nada que possa substituir uma boa digitalização, portanto, prepare-se para uma tarefa impossível de retoque ou considere o uso de um serviço profissional se você tiver um scanner de baixa qualidade em casa.

Configure o modo de mesclagem novamente como Normal, combine as duas camadas e repita o processo para a próxima camada abaixo até que você tenha criado uma camada sem emenda.

O Photoshop pode ser usado para uma infinidade de outras finalidades pós-digitalização, incluindo o uso da ferramenta Clone para reparar dobras ou vincos indesejáveis no papel e outros defeitos. O balanço de cores é uma área em que devemos ter muito cuidado ao trabalhar com um scanner de qualidade inferior. É possível fazer alguma correção de cores no Photoshop; é melhor ter o material real perto de você ao tentar resolver quaisquer problemas de cor.

1// *Típicas configurações de scanner.*

2// *Usando a ferramenta Clone do Adobe Photoshop para remover um vinco.*

Trabalhando com vídeo

Há algumas razões a considerar ao inserir vídeo no seu site de portfólio:

Se você for um designer gráfico que trabalha com animação gráfica, um animador ou estiver de alguma forma envolvido na saída de um trabalho de criação que consiste em animação gráfica, um vídeo é um elemento obrigatório no seu portfólio e há um forte argumento para começar com ele.

Se você criou algo com o qual as pessoas interagem na vida real de uma forma interessante e que ajuda a contar sua história, é recomendável fazer um vídeo desse envolvimento do mundo real. Se houver estudos de casos que posam ser resumidos em um formato de vídeo "fácil de digerir" com cenas simples intercaladas com texto e vídeo com atores reais (*live-action*) para contar a história de um projeto desde o *briefing* até os resultados, essa pode ser uma ótima ferramenta narrativa. Tutoriais indicando técnicas de processamento e de estúdio também podem ser capturados na forma de vídeo.

Algumas coisas a considerar sempre:

Faça-o curto. Assim como acontece com o restante do seu portfólio, é recomendável ser direto e cortar os detalhes desnecessários para mostrar seu melhor trabalho e os pontos mais importantes. Os únicos itens que poderiam ter uma maior duração são aqueles em um formato de apresentação, documentário ou seminário. Considere manter a duração de um vídeo entre um e três minutos e nunca mais do que cinco.

Se você for fazer algo incomum e inovador com o formato de vídeo, faça isso bem. Ideias extraordinárias pobremente executadas farão mais mal do que bem. Evite transições e efeitos prontos comuns, especialmente se você estiver montando um vídeo. Os profissionais de criação responsáveis pela avaliação do seu vídeo serão capazes de identificar as técnicas que parecem

1//

2//

sofisticadas, mas que não exigem nenhuma habilidade. Isso não deve causar boa impressão neles.

O Adobe After Effects é um pacote de software para dar vida a imagens estáticas para exibição na forma de vídeo. Nas mãos de profissionais de animação gráfica talentosos, o Adobe After Effects pode ser usado para criar trabalhos de alta qualidade. Se você estiver disposto a enfrentar um novo desafio, acesse o site da Adobe, baixe a versão de teste e siga o tutorial para iniciantes. Lembre-se de que é fácil se empolgar demais com as maravilhas da tecnologia de criação gráfica quando ela é uma novidade para você. Assuma uma posição realista em relação à qualidade do resultado final — apenas um esboço ou algo mais polido — antes de optar por incluí-lo no seu portfólio.

Se você estiver criando vídeo para seu site, preste atenção a algumas técnicas comuns e aos fundamentos da narrativa de animações gráficas e da edição de vídeo. Alguns blocos de construção básicos que você vai querer considerar:

1. Uma introdução durante a qual o título do vídeo é apresentado.
2. Insira primeiro os trabalhos mais importantes para causar uma boa impressão e criar interesse para os visitantes.
3. Uma trilha sonora adequada e quaisquer efeitos sonoros apropriados.
4. Transições suaves entre os projetos.
5. Movimento e sincronização que tenham um nível de energia adequado para o efeito que você está tentando alcançar.
6. Uma conclusão durante a qual sua identidade ou o título do vídeo é novamente apresentado.

Há um grande número de vídeos inspiradores na Web. Encontre alguns em *clazie.com/digitalportfolios*.

3//

1// *HunterGatherer, huntergatherer.net*
As criações maravilhosamente simples de HunterGatherer ganham vida na sua forma animada. Quando os destaques são editados juntos em um vídeo, as habilidades dos seus criadores são demonstradas de forma rápida e clara.

2// *Form Troopers, formtroopers.com*
Como animação gráfica é uma disciplina fundamental para os Form Troopers, eles dedicam uma seção inteira dos seus portfólios a ela e apresentam um vídeo de demonstração dos destaques.

3// *North Kingdom Showreel 2009, via Designchapel, designchapel.com*
Esse vídeo tece uma narrativa por toda a apresentação do trabalho — uma técnica que justifica um formato um pouco mais longo.

Capítulo Três: O que incluir

Declarando seu objetivo

Há várias oportunidades dentro de um portfólio digital para contar sua história e fornecer informações básicas que dão aos visitantes uma visão mais ampla da sua experiência e do seu potencial, de onde você vem e aonde você pode chegar. É importante que os potenciais clientes saibam algo sobre você para que possam sentir confiança em trabalhar com você.

Adaptação cultural é uma prioridade alta para os empregadores ao analisar candidatos para um cargo. Não importa o quão você seja talentoso se as pessoas não conseguirem conviver com você. Deixe sua personalidade se expressar quando você conta sua história, mas mantenha-se profissional — pessoal e amigável, mas sem exageros.

Possivelmente as informações mais importantes que você deve fornecer de maneira simples e direta sejam o que você faz e o que você está procurando fazer. Se forem a mesma, ótimo. Se estiverem em sincronia com o trabalho que você está exibindo, melhor ainda. Do contrário, você precisará ser diplomático ao escolher as palavras e certificar-se de não introduzir contradições que deixarão os leitores confusos.

Lembre-se de que ao falar sobre o que você faz e o que você está procurando fazer, caso esteja tentando conseguir um emprego, não se posicionar como uma empresa. Deixe isso para o momento em que você está procurando clientes e quer passar a sensação de que há mais de uma pessoa. Os potenciais empregadores podem ficar dissuadidos se eles acharem que estão contratando alguém que poderia fazer parte de um negócio que compete com eles.

Como discutido no Capítulo Um, é importante ser claro e direto ao afirmar seu objetivo. A razão de declarar seu objetivo é fazer seus potenciais clientes ou empregadores saberem o seguinte:

1. Que você está motivado e é profissional.
2. Quais são seus pontos fortes e suas habilidades.
3. O que mais você está interessado em fazer.
4. Sua localização.

Se seu objetivo for bem conciso — e concisão é uma coisa boa — ele pode ser posicionado no título do seu site que acompanha sua identidade. Combinado dessa maneira, ele torna-se uma extensão, ou, de certa forma, uma definição, da sua identidade. Outras analogias apropriadas seriam o cargo no seu cartão de visita ou o slogan, se estiver vendendo seus serviços.

Um exemplo de uma extensão simples da identidade:

Ian Clazie
Diretor de design digital, Sydney

Um exemplo de uma afirmação mais elaborada do objetivo:

Ian Clazie
Freelancer em design digital interativo e direção de arte, operando em Sydney, Austrália

Outra abordagem é listar os serviços que você presta desta maneira:

Design visual

Design interativo

Direção de arte

Ilustração

Redação

A vantagem dessa abordagem é que os visitantes podem selecionar facilmente as informações passando olhos pela página.

1// *Toy, toyny.com*
A declaração introdutória da Toy estabelece um vínculo entre seu nome e sua filosofia.

2// *Oscar Barber, oscarbarber.com*
Com o devido destaque, Oscar diz quem ele é, o que ele faz e onde ele trabalha.

3// *Fat-Man Collective, fat-man-collective.com*
Talvez um dos exemplos mais claros de como compor informações sobre uma empresa em uma interface Web.

117

Descrições de projeto

O que você escreve para descrever cada projeto no seu portfólio é fundamental para contar sua história. Avaliadores querem saber exatamente qual papel você desempenhou nos trabalhos de criação que estão examinando. Eles vão querer conhecer a natureza do *briefing* e as ideias que você incorporou às soluções apresentadas. Também querem ter uma ideia de como você se comunica, como é sua personalidade e o grau de profissionalismo que você tem.

Algumas diretrizes gerais:

Considere um tom de voz que seja amigável, mas profissional; seja cordial sem querer parecer íntimo. Deixe sua personalidade se expressar, mas não exagere.

Seja conciso. Você quer transmitir as informações importantes rapidamente. Ninguém quer sentar e ler um romance online.

Ser profissional significa não deixar passar erros de digitação ou gramaticais. Também evite usar abreviaturas, a menos que, por alguma razão, elas sejam essenciais à sua imagem.

Se estiver mostrando um trabalho que você criou como parte de uma equipe ou parceria, é melhor se concentrar nos aspectos pelos quais você foi responsável. É essencial ser completamente transparente sobre o que você criou e o que você não criou.

Lembre-se que as descrições do projeto são uma boa oportunidade para fornecer mais detalhes e informações sobre seu processo e seus métodos.

Estruture suas descrições de uma maneira consistente para que sejam fáceis de ler.

Eis uma divisão dos elementos a considerar:

Título do projeto

O elemento mais prioritário a incluir, o título do projeto pode transmitir muitas informações quando bem construído.

Nome do cliente

Se o trabalho foi feito diretamente para um cliente ou por meio de uma agência, sempre haverá um cliente. Se o projeto foi pessoal, indique isso aqui, uma vez que o cliente era essencialmente você mesmo.

Sua função

Indique todos e quaisquer papéis que você realizou nesse projeto especificamente. Seja claro e honesto.

O briefing

Qual foi o problema que precisou ser resolvido (expresso nos termos mais concisos possíveis)?

Ideia chave

Qual foi a observação mais importante revelada na sua preparação que ajudou a levar a uma solução?

Sua solução

Descreva a abordagem que você utilizou para responder ao *briefing*.

Resultados

Qual foi o desempenho do resultado final? O cliente ficou satisfeito? Os objetivos comerciais foram cumpridos?

Links relevantes

Links para todas as informações relevantes baseadas na Web ou sites com rótulos explicativos.

1// *Fat-Man Collective, fat-man-collective.com*
Um exemplo de uma descrição de projeto facilmente interpretada, completa com links externos para outras empresas envolvidas.

2// *Ribbons of Red, ribbonsofred.com*
A listagem dos resultados de um projeto em um local consistente acima de cada descrição informa os visitantes numa passada de olhos.

3// *Johnnydoes, johnnydoes.nl*
Johnny indentifica cada projeto com as respectivas categorias. Isso não só ajuda a transmitir informações sobre os serviços prestados, como também a navegar pelo site.

Capítulo Três: O que incluir

Estudos de caso

1//

2//

Alguns profissionais de criação fazem contribuições importantes de maneiras não tão óbvias quanto outros. Diretores de arte, profissionais de criação, arquitetos, designers de interiores bem como redatores publicitários, apenas para citar alguns, participam das ideias e execução de projetos criativos. Em muitos casos, eles são responsáveis por tratar *briefings* complexos e dividir o problema maior em problemas menores, realizar pesquisas e fornecer sugestões. Seus esforços não necessariamente são tão visíveis quanto os do designer ou ilustrador, pois talvez eles não tenham um envolvimento artístico com o projeto. Esses profissionais podem se beneficiar de um formato mais elaborado no uso de descrições de projeto para contar suas histórias: o estudo de caso.

Um estudo de caso é uma oportunidade de se aprofundar mais em um projeto para facilitar o trabalho de um avaliador que está analisando suas habilidades intelectuais e conceituais. Muitas vezes, isso é uma técnica mais adequada a pessoas em cargos de chefia, visto que elas costumam ser os generais por trás das linhas de frente.

Um estudo de caso típico incluirá uma estrutura semelhante às descrições de projetos simples discutidas nas páginas 118-119, mas a quantidade de detalhes pode ser muito maior; certos aspectos do trabalho podem ser reforçados com imagens legendadas e vídeos explicativos de suporte.

As áreas que devem ser explicadas em detalhes são:

O *briefing*

Qual foi exatamente o problema a ser resolvido? Em um estudo de caso, dê mais detalhes das bases do projeto do que você faria em uma simples descrição de projeto.

120

Ideia chave

Que elemento chave da solução você trouxe para a mesa a partir da sua pesquisa? Explique no *briefing* como você chegou a essa solução.

Sua solução

Como você resolveu o problema? Forneça as metodologias e técnicas utilizadas para chegar à solução.

Resultados

A solução adotada foi eficaz e como ela avançou? Forneça fontes e estatísticas de suporte.

Mantenha a linguagem e o tom claros, concisos e profissionais ao escrever estudos de caso. Sempre revise o que você escreve cuidadosamente. Erros de digitação têm um impacto negativo sobre seu profissionalismo e sobre a atenção do avaliador à sua apresentação. Erros no texto refletem o fato de que você o escreve muito rapidamente e não entende a importância de uma comunicação clara e cuidadosamente apresentada. Isso não são detalhes. São elementos essenciais.

1// *Positive Hype, positivehype.com*
Incluir um depoimento do cliente na abertura de um estudo de caso pode ser uma técnica eficaz de marketing.

2// *The Keystone Design Union, thekdu.com*
A ênfase nesse estudo de caso está claramente na fotografia que demonstra não apenas os trabalhos artísticos criados, mas também a experiência geral em torno da participação do KDU.

3// *Firstborn, firstbornmultimedia.com*
A Firstborn tem um grande número de estudos de caso, fazendo um tratamento consistente das informações crucias.

121

Biografia e currículo

Dica rápida

Um cenário comum antes de uma entrevista de emprego é um avaliador correr para seu site a fim de encontrar e imprimir seu currículo rapidamente um pouco antes da reunião. Por essa razão, é importante facilitar a localização e impressão do seu currículo.

No jargão da Web, sua "bio" ou biografia geralmente estará em uma página chamada "About" ("Quem sou"). Essa página pode conter alguns elementos para detalhar seu perfil. Uma pequena biografia ou descrição da sua experiência, habilidades e status atual (você está procurando trabalho, se sim, de que tipo?) é o conteúdo principal padrão para a página "Quem sou" do seu site. Se você quiser dar uma face ao nome, inclua uma foto. Links claros para seu histórico profissional detalhado sob a forma de um currículo também são importantes aqui, bem como uma lista de prêmios e honrarias. Esse é o lugar para mostrar aqueles troféus que você conquistou.

Lembre-se de transmitir um tom positivo e amigável, mas profissional. Como sempre, revise o texto para evitar erros. Se você decidir incluir uma foto, use uma boa que diga algo sobre você. Se você for aberto e sociável, escolha um estilo de retrato que transmita isso.

Incluir seu currículo é importante se seu objetivo for encontrar um emprego. Potenciais empregadores definitivamente vão verificar sua experiência profissional e formação acadêmica, bem como suas referências. Mas se você estiver se posicionando como uma empresa, um currículo pode ser uma inclusão confusa. Nesse caso, seria mais adequado inserir uma lista de clientes passados e presentes e referências relevantes.

Uma maneira comum de incluir seu currículo que assegura facilidade de impressão é vinculá-lo como um arquivo PDF em uma nova janela. Certifique-se de fornecer uma indicação ao lado do link, pois é isso o que os visitantes esperam ao clicar.

1//

O LinkedIn, o popular serviço de rede social profissional, é outra boa opção para a apresentação do seu currículo. Simplesmente se inscreva e obtenha uma conta gratuita se você ainda não tiver uma, preencha com seus dados e crie um link daí para seu perfil na página "Quem sou" do seu site.

Por último, lembre-se de fornecer um link destacado para suas informações de contato, já que isso é uma das principais funções do seu site — permitir que as pessoas interessadas entrem em contato com você. Discutiremos informações de contato em detalhes mais adiante neste capítulo.

P: Qual a importância das informações escritas sobre a pessoa (uma biografia ou uma página "Quem sou") e por quê?

"Gostaria de saber o que as pessoas fazem fora do setor em que atuam. Muitas vezes, o conhecimento em esportes, cinema, música ou qualquer coisa pela qual uma pessoa está apaixonada torna-se um trunfo para a agência e seus trabalhos."
—Blake Kidder, Associate Creative Director, TBWA\Chiat\Day, Los Angeles

1// Guðmundur Bjarni Sigurðsson, gummisig.com
Uma página "Quem sou", que inclui depoimentos de colegas.

2// Adhemas Batista, adhemas.com
Adhemas conta sua história completa, mas todos os pontos voltam à sua crença de que ele "está vendendo cores".

3// Juan Diego Velasco, juandiegovelasco.com
Um exemplo de informações concisas sobre o criador no rodapé de um site.

123

Capítulo Três: O que incluir

Mantendo um blog

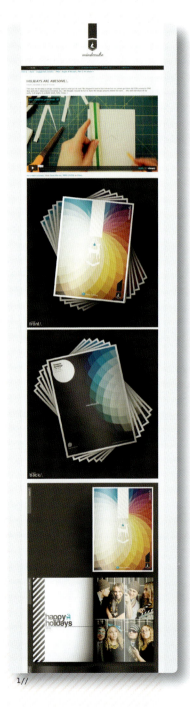

1//

Manter um blog como um complemento ao seu portfólio é uma excelente maneira não apenas de contar mais sobre sua história, como também de gerar interesse, comentários e links adicionais para seu site e seu perfil.

Acha que você não tem nada a dizer? Não se preocupe. Ao contrário do senso comum, um blog não é apenas para aqueles que gostam da visão das suas próprias palavras. Um blog também pode ser uma ferramenta útil para inspiração e pesquisa. Abordado dessa forma, ao longo do tempo, seu blog vai se tornar uma biblioteca de coisas úteis e belas que você pode consultar uma vez ou outra e indicar para as pessoas conforme necessário.

O resultado final de um blog em relação a encontrar um trabalho é que os potenciais clientes e os empregadores podem ver e ouvir como você pensa e o que o torna confiável. Em vez de simplesmente afirmar na sua biografia que você trabalha com design ou participa de uma comunidade cultural, demonstre isso sem sombra de dúvida.

Nota do autor: estou escrevendo este livro porque o editor de contratações da editora encontrou uma mensagem no meu blog oferecendo aconselhamento sobre portfólios digitais e entrou em contato comigo com a ideia do livro.

Algumas diretrizes a ter em mente ao utilizar um blog:

Sempre faça uma verificação rápida sobre o tópico antes de postar a fim de ver a atualidade da notícia e quanta atenção ela teve. Se você estiver escrevendo sobre algo postado há cinco anos e somente agora você se deparou com a informação, talvez seja aconselhável apresentar isso com palavras como "não tão recente, mas importante", em vez de "novo site incrível".

124

3//

2//

Se você estiver escrevendo sobre algo que leu no blog de outra pessoa, é ético dar crédito ao artigo original. À medida que você ficar mais à vontade com o uso de blogs como uma plataforma de publicação, tente agregar valor ao conteúdo que você coleta escrevendo introduções, oferecendo ideias, perspectiva e conexões para outras informações. Algumas das postagens mais populares recebem múltiplas referências e fornecem ideias e sugestões que as associam.

1// MIND Castle Blog,
mindcastleblog.com
As fotografias do MIND Castle do processo de criação compõem belas histórias.

2// New to York, Tyler Thompson,
newtoyork.com
Esse blog é dominado por imagens inspiradoras no estilo do Tumblr.

3// The Norik Blog,
blog.thenorik.com
Norik escreve sobre a inspiração que ele encontra, além de novidades sobre seu próprio trabalho.

125

Informações para contato

É essencial fornecer informações de contato claras e óbvias no seu site de portfólio se você quiser capturar o interesse que seu trabalho gera e transformá-lo em oportunidades de negócios.

Fornecer múltiplas opções para entrar em contato é a melhor abordagem. Além dos formulários de contato mais padrão, como listar seu endereço de email e número de telefone, uma boa ideia é fornecer um formulário de contato que torne ainda mais fácil entrar em contato — basta preencher o formulário e clicar em enviar. Um formulário também permite controlar quais informações são fornecidas. Se preferir, peça que os visitantes que desejam entrar em contato forncçam nome, nome da empresa, endereço de email e número de telefone.

Se tiver alguma reserva quanto a disponibilizar online suas informações de contato, opte apenas pelo formulário de contato. Há riscos de que publicar seu endereço de email no site possa resultar em mais lixo eletrônico na sua caixa de entrada.

1//

2//

A maioria dos provedores de hospedagem oferece ferramentas básicas para criar formulários de contato. Às vezes chamados de formulários de feedback, eles servem para coletar informações que os visitantes fornecem e enviá-las para o seu endereço de email sem expô-lo ao visitante.

Lembre-se de que se sua estratégia for gerar negócios diretamente com os clientes, é essencial que você seja facilmente contatado via seu site. Quando os visitantes navegam pelo seu site portfólio, contatá-lo deve ser a ação final deles.

1// Form Troopers, formtroopers.com
O Form Troopers demonstra que uma página de contato não precisa parecer chata.

2// magneticNorth (mN), mnatwork.com
Nesse site, o mapa, o formulário de contato e os detalhes para contato são encontrados em uma única visualização disponível a partir de qualquer página.

3// Rob Palmer, branded07.com
Rob tem um formulário de contato mínimo no rodapé das suas páginas — uma abordagem amigável e simples.

CAPÍTULO QUATRO: Aspectos jurídicos e ética
Trabalho realizado para um empregador anterior

De modo geral, e desde que uma cláusula contratual não proíba estritamente, artistas e designers têm o direito de incluir, em seus portfólios, trabalho criado para outro empregador ou cliente.

Como um currículo, seu portfólio é a demonstração da sua experiência profissional. Um empregador poderia pedir para você assinar um acordo de não concorrência, que normalmente dura certo período de tempo (por exemplo, um ano após seu último dia de trabalho), para evitar a reutilização direta de quaisquer conceitos de design ou qualquer material criado e pago por ele ou pelos seus clientes. A maioria dos designers vai, naturalmente, agir profissionalmente e não reutilizará o trabalho criativo dessa maneira, mas é um padrão incluído na maioria dos contratos.

Um contrato de não concorrência também poderia indicar que você não tem o direito de exibir publicamente qualquer material criado para o cliente desse empregador, e isso inclui o uso desse material no seu portfólio. Na maioria dos casos, e desde que você não tenha saído do seu último emprego em circunstâncias difíceis, um telefonema ou email pode esclarecer quaisquer questões relacionadas ao direito de mostrar seu trabalho para potenciais novos empregadores. Trabalho inédito que não foi aceito por um cliente é mais problemático, uma vez que o cliente não deseja ser, segundo os próprios critérios, descrito erroneamente de nenhuma forma.

NOTA DE ISENÇÃO DE RESPONSABILIDADES: Os conselhos oferecidos neste livro são apenas para fins informativos. Procure um advogado para consultoria jurídica.

É sempre bom revisar seu contrato de trabalho cuidadosamente. Se houver cláusulas de não concorrência que lhe dizem respeito e lhe causam preocupação ou pareçam excessivamente restritivas, converse sobre isso com seu empregador e discuta alternativas antes de assinar. Se um empregador valoriza seus talentos, é provável que ele fique feliz em discutir abertamente por que ele acha que a cláusula foi incluída, e um acordo pode ser alcançado.

Se você tiver dúvidas sobre um aspecto jurídico ou qualquer coisa que diga respeito ao seu contrato com um empregador, consulte um advogado com experiência de trabalho com profissionais de criação. Esses temas também provocam discussões intermináveis na Web, se quiser se aprofundar.

1// *Seu portfólio é um registro dos seus empregos anteriores. Assim como um currículo, você confia nele para conseguir um novo trabalho.*

2// *Exemplo de contrato de um estúdio de design com um cliente que prevê especificamente a exposição futura do projeto no portfólio dele.*

CAPÍTULO QUATRO: Aspectos jurídicos e ética

Lei de direitos autorais: protegendo seu trabalho

1//

2//

A legislação sobre direito autoral internacional é um tema amplo que abrange não apenas a criatividade visual, mas também literatura, música etc. A legislação existe para regulamentar o que outras pessoas podem e não podem fazer com seu trabalho e para proteger o seu direito de propriedade sobre seu trabalho como um profissional de criação.

Infelizmente, disponibilizar seu portfólio na Web apresenta certos riscos, ou seja, mais exposição para aqueles dispostos a violar seus direitos autorais. Portanto, uma boa ideia é investir um pouco de tempo para descobrir exatamente quais são seus direitos como o criador original da obra para que você possa agir imediatamente se suspeitar que alguém, de alguma maneira, tentou reproduzir seu trabalho pessoal.

Apresentamos a seguir informações gerais sobre seus direitos. É importante observar que a intenção deste livro não é ser um guia abrangente sobre a legislação de direitos autorais, nem um substituto a um aconselhamento jurídico profissional. Se você tiver questões sérias sobre a legalidade em torno da propriedade criativa, procure aconselhamento de um advogado.

Talvez você queira completar as informações neste livro com suas próprias pesquisas. Há muitas fontes de informações úteis sobre a legislação de direitos autorais na Web. Cinco bons pontos de partida são:

- United States Copyright Office: copyright.gov
- European Copyright Office: eucopyright.com
- Intellectual Property Office of New Zealand: www.iponz.govt.nz/cms/copyright
- Australian Copyright Council: www.copyright.org.au
- Creative Commons: creativecommons.org

Resumo dos seus direitos:

Se você criar um trabalho original e não o fez para um empregador ou um cliente sob um contrato que afirme que eles possuem os direitos autorais desse trabalho, estes estão automaticamente protegidos para você. Observe que os direitos autorais sobre seu trabalho são protegidos pela legislação internacional padronizada, independentemente do fato de você ter ou não inserido o símbolo de direito autoral e seu nome no trabalho ou próximo dele.

Direitos autorais como uma forma de propriedade intelectual significam que você tem o direito de publicar e distribuir o trabalho de criação da maneira como achar apropriado. Isso também significa que você tem o direito de criar trabalhos derivados e adaptações do original sem restrições. Você também pode ceder os direitos autorais a terceiros.

Se você tiver feito um trabalho para um empregador ou um cliente sob um contrato que estabelece que eles têm os direitos autorais desse trabalho, consulte as páginas 128-129, onde você vai encontrar recomendações sobre como mostrar o trabalho feito para um empregador anterior.

Para descobrir se suas imagens estão sendo reproduzidas em qualquer lugar na Web, existem serviços que oferecem contas gratuitas ou pagas com diversas opções de preço, nas quais você pode carregar suas imagens para que o software possa fazer uma varredura na Web a fim de descobrir reproduções e lhe enviar um relatório.

As estatísticas de uso do seu provedor de hospedagem também podem ajudá-lo a ver se alguém está incluindo referências a seus arquivos de imagem nas páginas deles. Analise as estatísticas para ver se arquivos de imagem específicos foram solicitados um número excessivo de vezes. Uma pesquisa sobre o nome desse arquivo pode levá-lo a descobrir a inserção ilegal dessa imagem no site de outra pessoa ou empresa.

1// *O símbolo de direitos autorais.*

2// *O aviso de direitos autorais não é necessário para a existência da propriedade dos direitos autorais. Mas é uma oportunidade para indicar o nome do proprietário dos direitos autorais.*

CAPÍTULO QUATRO: Aspectos jurídicos e ética

1//

A legislação sobre direitos autorais no cenário geral da propriedade intelectual está em constante mudança e é repleta de intermináveis debates litigiosos em relação a várias áreas passíveis de interpretação. Mas as regras fundamentais do direito autoral são claras e podem ser fiscalizadas. Eis as respostas a algumas perguntas comuns:

P: Preciso inserir uma nota de direitos autorais no meu trabalho ou próximo dele para meus direitos autorais serem válidos?

R: Não, você não precisa exibir uma nota de direitos autorais no seu trabalho ou próximo dele para que seus direitos autorais sejam válidos. A Convenção de Berna, acordada pela maioria dos países, confere os direitos autorais automaticamente a criações independentemente de esses direitos autorais estarem ou não registrados, e um aviso de direitos autorais não é obrigatório. Mas não é uma má ideia exibir as informações de direitos autorais, uma vez que isso ajuda a remover qualquer potencial ambiguidade em relação à propriedade dos direitos autorais.

P: Preciso registrar meus direitos autorais?

R: Você não precisa registrar os direitos autorais para que eles sejam válidos. O registro é uma boa ideia se houver algum material que você acha que pode estar em risco, pois permite que certos benefícios como a possibilidade de conseguir ressarcimento de custos advocatícios no caso de uma ação judicial.

P: Como faço para registrar meus direitos autorais?

R: O registro de direitos autorais nos Estados Unidos pode ser feito online no site Web US Copyright Office em copyright.gov. Na Europa e em outros países, há vários serviços que fornecem registro de direitos autorais. Saiba mais sobre como registrar direitos autorais em eucopyright.com (Europa), www.iponz.govt.nz/cms/copyright (Nova Zelândia) e www.copyright.org.au (Austrália).

P: Alguém está violando meus direitos autorais. O que posso fazer?

R: Certifique-se de que essa pessoa definitivamente saiba que ela violou seus direitos autorais. Entre em contato com ela para informar que ela deve parar de usar seu material. Se ela souber claramente que está violando seus direitos autorais e continuar fazendo isso, você deve consultar um advogado. Há algumas táticas que podem ser empregadas a partir desse ponto, como entrar em contato com o provedor de serviço de Internet do infrator, mas se você estiver receoso de que isso possa se tornar um problema, talvez seja melhor consultar um advogado antes de agir.

P: Uma pessoa criou algo que é uma paródia de uma criação minha. Ela violou meus direitos autorais?

R: Provavelmente não. Se o uso do seu trabalho por parte dela puder ser definido como uma paródia transformativa, poderia ser defensável sob a legislação do *fair use* (*uso justo* ou *uso aceitável*) ou *fair dealing* (tratamento justo). Para saber mais sobre o *fair use*, consulte as informações nas páginas 134-135.

P: O que é uma licença Creative Commons?

R: É uma forma de proteção de direitos autorais fornecida pela organização sem fins lucrativos Creative Commons. Nas próprias palavras deles: "As licenças Creative Commons permitem que as pessoas alterem facilmente a fórmula padrão dos termos da legislação de direitos autorais de 'todos os direitos reservados' para 'alguns direitos reservados'. Você pode escolher permitir que outros usem uma parte do seu portfólio com a prerrogativa anexando uma licença Creative Commons a ela. Exemplos dos muitos trabalhos regidos sob os termos de uma licença Creative Commons podem ser encontrados em sites como o Flickr. Saiba mais em creativecommons.org.

1// *Imagens sob o licenciamento baseado no modelo Creative Commons no Flickr.*

2// *creativecommons.org, o lar da corporação sem fins lucrativos, Creative Commons.*

Trabalhos derivados e uso aceitável

Trabalho derivado é criado adaptando-se uma parte existente de um trabalho para fazer algo novo, mas com elementos identificáveis do original. Exemplos vão desde adaptações cinematográficas de livros, como *L.H.O.O.Q.* de Marcel Duchamp (uma imagem da Mona Lisa de Leonardo da Vince com bigode e barba rabiscados) e o musical *West Side Story* (derivado da peça *Romeu e Julieta* de Shakespeare).

Se alguém criar uma parte da obra que parece ser derivada de uma criação sua, ele violou seus direitos autorais? Para responder a essa pergunta para qualquer caso específico, o conceito de "transformatividade" torna-se muito importante. Se alguém criou um trabalho derivado com base no seu original, há algo transformativo no resultado final? Há alguma informação que os visualizadores do novo trabalho ganharão em relação ao seu original? Se sim, esse pode ser um caso defensável para criar algo que é derivado do seu trabalho sem permissão expressa de você.

Direitos morais, conforme previsto na legislação da maioria dos países, exigem que, como o criador original, você tenha um privilégio claro pelo seu trabalho e o direito de remover seu nome de um trabalho derivado se não gostar dele. Por exemplo, se você transferir os direitos autorais para outra pessoa com a advertência de que o trabalho não pode ser usado para certos fins (por exemplo, publicidade de um produto com o qual você não quer estar associado) e que, se a advertência não for respeitada, você poderia ter bases legais para fazer algo sobre isso.

Fair use (nos EUA) e *fair dealing* (em vários países da Comunidade Britânica) ou "uso aceitável" são termos usados para descrever uma doutrina de exceções a direitos autorais sob a qual uma pessoa pode tomar certas liberdades em relação às restrições dos direitos autorais e manter uma posição defensável.

O uso aceitável baseia-se em um sistema de avaliação de quatro fatores. Quando se acredita que os direitos autorais estão sendo violados e o uso aceitável é utilizado como uma defesa, o tribunal terá de avaliar com base:

1. na finalidade e no caráter do uso;
2. na natureza da obra;
3. na quantidade e substancialidade da parte usada em relação à obra protegida por direitos autorais como um todo; e
4. no efeito do uso sobre o potencial mercado ou valor da obra protegida por direitos autorais.[1]

O *fair dealing*, baseado em conceitos semelhantes, varia de país para país. Há subsídios para o uso de material protegido por direitos autorais sem permissão para alguns ou todos os seguintes usos, com algumas exceções:

- pesquisa e estudo;
- revisão e crítica;
- paródia e sátira;
- reportagem de notícias; e
- aconselhamento profissional.

Em um dos mais famosos casos de *fair use*, o editor do Pretty Woman" de Roy Orbison" processou o grupo 2 Live Crew por violação dos direitos autorais da música "Oh, Pretty Woman". A música foi considerada como uma paródia da original pela Suprema Corte dos Estados Unidos e, portanto, permitida sob a legislação do uso aceitável, sendo a questão o fato de a paródia substituir a letra romântica original por uma humorística que acabou tornando-a um produto original.

1. US CODE: Title 17,107. Limitations on exclusive rights: Fair use
http://www4.law.cornell.edu/uscode/17/107.html

3//

1// 2//　O musical West Side Story *(imagem no alto)* é um trabalho derivado de Romeu e Julieta *de Shakespeare (imagem embaixo).* (West Side Story) © *Tessa Watson* flickr.com/photos/tessawatson creativecommons.org/licenses/by/2.0 (Romeo and Juliet) © *Ygor Oliveira* flickr.com/photos/-ygor creativecommons.org/licenses/by/2.0

3// L.H.O.O.Q. *de Marcel é um trabalho derivado da* Mona Lisa *de Leonardo da Vinci.*

135

CAPÍTULO QUATRO: Aspectos jurídicos e ética

Dando o crédito aos colaboradores

Se seu portfólio contiver elementos que outras pessoas criaram, seja como conteúdo do seu trabalho ou como parte de uma colaboração, é eticamente responsável dar créditos aos colaboradores. Além de demonstrar respeito, isso tem o benefício adicional de ajudar a esclarecer o que você fez e o que você não fez no projeto.

No caso de um projeto colaborativo, considere listar toda a equipe que trabalhou no projeto junto com seus papéis, e destaque seu nome na lista. Essa abordagem é particularmente útil para examinadores que estão interessados em ter uma ideia do tamanho das equipes com as quais você já trabalhou e quantas funções você teve.

Um local limpo e simples para posicionar os créditos é incorporado na área de descrição do projeto associada com cada parte do trabalho que você mostra. Dessa forma, a lista dos nomes e das funções fortalecerá a descrição da sua função. Lembre-se de dar crédito a um colaborador no rodapé do site inteiro se ele o ajudou significativamente a construí-lo.

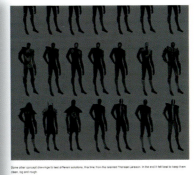

3//

Se as pessoas às quais você dá os créditos também tiverem sites de portfólio, o passo lógico é fornecer links para seus sites onde você lhes der créditos. Idealmente, eles vão retribuir e, de maneira geral, isso vai ajudar a gerar mais contatos.

Observe que a legislação de direitos autorais assegura cláusulas para alguns direitos morais que poderiam exigir uma prerrogativa clara da autoria do trabalho criativo, independentemente da posse econômica, portanto, em muitos casos, você não apenas tem uma obrigação moral de dar um crédito, mas também poderia ser tecnicamente ilegal não fazer isso. Colocando em termos simples: um criador poderia ter o direito de receber créditos independentemente de ele ser ou não o detentor dos direitos autorais do material.

Se um designer fizer o impensável e tentar levar o crédito pelo trabalho de outra pessoa, a comunidade de design provavelmente irá demonstrar que está bem unida e bem entrosada. Se outras pessoas fizerem alegações falsas e agirem ilegalmente, é provável que isso terá o efeito de prejudicar sua reputação.

1// Nelson Balaban,
xtrabold.net
Exemplo de atribuição de créditos no caso de uma colaboração.

2// 25ah, 25ah.se
Nesse exemplo, a agência, o fotógrafo e o estilista receberam os créditos.

3// Robert Lindström, Designchapel, designchapel.com
Em uma postagem em um blog sobre a produção do Teamgeist, o diretor de arte da North Kingdom e o cofundador Robert Lindström fornecem informações detalhadas sobre como atribuir os créditos em relação a colaboradores individuais.

Galeria

Designbum, Issara Willenskomer, designbum.net

Direção, animação gráfica e fotografia

Seattle, EUA

Combinação dos formatos de lista e galeria.

138

Nessim Higson,
iamalwayshungry.com
Design e direção de arte
Alabama,
EUA
Formato conceitual (rolagem multidirecional).

139

Galeria

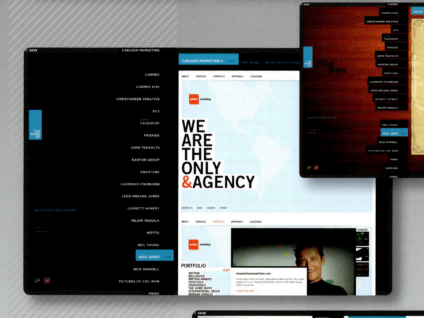

Nick Jones, narrowdesign.com
Design e desenvolvimento em Flash,
direção de arte e web design
Minneapolis, EUA
Formato de navegação por lista.

Sean Freeman,
thereis.co.uk
Ilustração tipográfica
Reino Unido
Formato de galeria.

Galeria

Serial Cut, serialcut.com

Direção de arte

Madri, Espanha

Formato de navegação por lista.

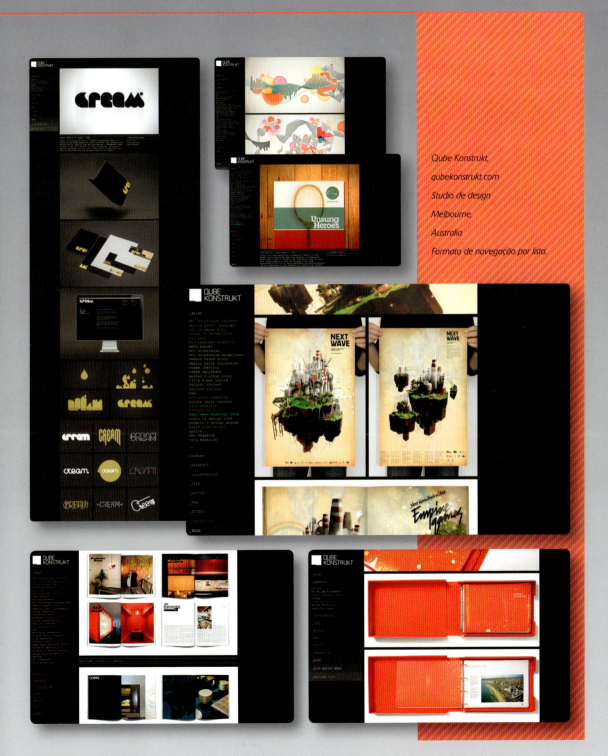

Qube Konstrukt,
qubekonstrukt.com
Studio de design
Melbourne,
Australia
Formato de navegação por lista.

COLOCANDO ONLINE

Capítulo Cinco:
Lançando seu portfólio

- Pré-lançamento (*soft launch*)   146
- Teste o site inteiro   148
- Obtenha feedback   150
- Conectando-se com potenciais empregadores   152
- Apresentando seu portfólio pessoalmente   154
- Apresentando pelo telefone   156
- Discutindo seu trabalho   158
- Perguntas a fazer em entrevistas   160
- Material autopromocional   162
- Fazendo o acompanhamento após as entrevistas   164

Capítulo Seis:
Obtendo o máximo do seu portfólio

- Destaque-se da multidão   166
- Evite erros comuns de apresentação   168
- Autopromoção online   170

Galeria da Seção Três   172

COLOCANDO ONLINE

Capítulo Cinco:
Lançando seu portfólio

- Pré-lançamento (*soft launch*) — 146
- Teste o site inteiro — 148
- Obtenha feedback — 150
- Conectando-se com potenciais empregadores — 152
- Apresentando seu portfólio pessoalmente — 154
- Apresentando pelo telefone — 156
- Discutindo seu trabalho — 158
- Perguntas a fazer em entrevistas — 160
- Material autopromocional — 162
- Fazendo o acompanhamento após as entrevistas — 164

Capítulo Seis:
Obtendo o máximo do seu portfólio

- Destaque-se da multidão — 166
- Evite erros comuns de apresentação — 168
- Autopromoção online — 170

Galeria da Seção Três

COLOCANDO ONLINE

Preparar-se para o lançamento é um momento emocionante. Certifique-se de tirar o máximo do seu portfólio testando-o detalhadamente, estando aberto a feedback e tentando manter contato com potenciais clientes e empregadores da maneira mais eficaz possível.

Quando se trata de apresentar seu novo portfólio digital, existem várias técnicas e diretrizes que podem ser úteis para mostrar o que você tem de melhor. Táticas de autopromoção e como lidar com o acompanhamento são áreas cruciais para gerar interesse real e sustentado no seu trabalho de criação.

CAPÍTULO CINCO: Lançando seu portfólio
CAPÍTULO CINCO: Lançando seu portfólio
Pré-lançamento (*soft launch*)

Lançar seu novo site de portfólio é um momento emocionante. Todo aquele árduo esforço é agora recompensado. Com frequência, as pessoas encontram-se na situação de precisar colocar um site no ar a toda pressa. Talvez você tenha uma entrevista importante agendada, ou um prazo para enviar a inscrição para uma premiação. Seja qual for a razão, você poderia dedicar algum tempo extra para um último refinamento e fazer um pré-lançamento, ou *soft launch*.

Fazer um *soft launch* significa colocar no ar um site sem nenhum tipo de promoção. Uma maneira prática de fazer isso é ter uma versão utilizável do seu portfólio já disponível, talvez usando um dos serviços gratuitos vistos no Capítulo Dois, e continuar utilizando-o como seu portfólio principal enquanto você lança silenciosamente seu novo portfólio a fim de receber feedback de colegas e amigos selecionados. Essa abordagem permite fazer um teste completo do site para identificar problemas como baixa usabilidade e falhas técnicas, bem como para coletar feedback útil.

O *soft launch* é uma abordagem comum no desenvolvimento de sites. Composta de duas fases que costumam ser chamadas fases "alfa" e "beta" de um site, a técnica é uma evidência de que sites Web são complicados e que você precisa de ajuda para identificar potenciais problemas e de tempo para melhorias.

Siga os conselhos nas próximas páginas sobre como fazer testes e coletar feedback a fim de certificar-se de que, quando chegar o momento de investir pesadamente na promoção do seu site, você realmente coloque no ar seu melhor trabalho.

Dica técnica

Se seu novo site usar o mesmo design de um portfólio existente, uma prática comum é fazer um *soft launch* utilizando uma pasta fora da pasta raiz de modo que seu novo site fique oculto, mas disponível para aqueles a quem você informe o endereço. Por exemplo, insira todo o novo site em uma pasta chamada "novo" e ele estará disponível para um grupo que você selecionou em "[seuendereçoweb]/novo".

1// Fudge,
madebyfudge.com
Um exemplo de um sistema de mensagens conceitual e inteligente indicando um trabalho em andamento.

2// Billy Tamplin,
billytamplin.com
Uma postagem em um blog anunciando o lançamento de um novo site.

147

Teste o site inteiro

É surpreendente como é fácil visualizar um site inúmeras vezes e, mesmo assim, não perceber os erros mais básicos. É importante entender que, como um designer ou artista visual e não como um designer de interação sem o treinamento apropriado ou com a experiência necessária, você estará inclinado a se concentrar na aparência do site e não necessariamente no funcionamento interno.

Um teste completo tem a ver com prever as tarefas comuns que o público alvo deseja executar e, então, recriá-las fielmente para avaliar a experiência. Um exemplo básico de um plano de teste adequado poderia ser um em que o testador executa as etapas a seguir e toma notas ao longo do caminho:

1. Visitar a página inicial
2. Encontrar exemplos de trabalho de ilustração
3. Navegar por pelo menos cinco partes
4. Ler a biografia
5. Ler o currículo
6. Fazer contato

Um plano de testes simples como esse ajudará a destacar respostas a perguntas como:

1. As páginas carregam rápida e facilmente?
2. A navegação primária é clara e fácil de usar?
3. A navegação secundária é clara e é fácil mover-se pelo trabalho?
4. As informações sobre você são fáceis de encontrar e ler?
5. É fácil encontrar e ler sua experiência profissional?
6. As informações de contato ou um formulário de contato são fáceis de encontrar e usar? É fácil lidar com o formulário de contato e sua funcionalidade é intuitiva?

Algumas armadilhas comuns em que designers visuais caem ao trabalhar com design interativo são:

- O texto é demasiadamente pequeno para ser lido no conteúdo do corpo e na navegação.
- O formulário de contato parece ótimo, mas é difícil de usar devido à personalização em excesso; ele não permite uma mensagem longa o suficiente.
- O site leva muito tempo para carregar porque o tamanho geral dos arquivos é muito grande.
- Há problemas relacionados ao excesso de animação Flash complexa o que faz um computador travar, resultando em uma baixa velocidade de projeção das imagens em movimento.

Uma boa ideia é pedir que uma pessoa objetiva realize o teste para revelar os problemas que você mesmo não pôde encontrar porque conhece o site muito bem. Pegue um amigo ou colega sem nenhum conhecimento prévio, peça que ele analise o site e lhe dê uma série de tarefas para executar. Peça que ele pense em voz alta para que você obtenha informações adicionais sobre o que está passando na mente dele enquanto ele executa as tarefas.

Lembre-se de testar seu site em todos os navegadores populares (Internet Explorer, Firefox, Safari e Chrome) e em diferentes plataformas (Mac ou PC). Dependendo da especificação do software de visualização, alguns sites customizados podem parecer muito diferentes.

Dica técnica

Fivesecondtest em fivesecondtest.com é um serviço gratuito útil para testes básicos de usabilidade por meio da colaboração em massa (*crowdsourcing*). Carregue bonecos de design e configure testes de clique e testes de memória. Convide seus amigos ou colegas para participar ou simplesmente faça um teste de dados com visitantes ocasionais.

Para um serviço mais abrangente de teste baseado na Web com o usuários, verifique Loop11 em loop11.com. Esse serviço é cobrado depois do período

1// *Fivesecondtest,*
fivesecondtest.com
Exemplo de um simples teste de clique.

CAPÍTULO CINCO: Lançando seu portfólio

Obtenha feedback

Designers e artistas experientes sabem que a capacidade de receber bem feedback e usá-lo construtivamente é uma habilidade valiosa. Não tenha medo de colocar o público certo na frente do seu site e pedir que ele seja honesto sobre o que pensa. Forneça todas as indicações de que você quer que ele expresse opiniões reais e que você aceita bem as críticas. Explique que você agora quer fazer uma pausa e refletir sobre seu trabalho e pode fazer algo para integrar feedback útil e este é o momento perfeito para que ele seja acessível.

Nem sempre espere receber imediatamente o melhor feedback quanto você revisar o site com alguém. Pense em lhe dar a oportunidade de revisar o site por conta própria e reflita sobre aquilo que ele pensa antes de ele fornecer feedback para você. Se houver a oportunidade de ele expressar um feedback construtivo sem pressa, isso deve resultar em um feedback de melhor qualidade.

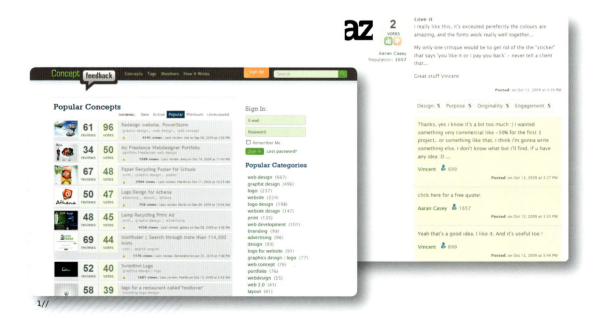

2//

Ao ser entrevistado por potenciais empregadores, se você achar que é apropriado e tiver um bom relacionamento, convide o avaliador para verificar seu novo site e lhe dar algum feedback sincero. Esse convite, se feito da maneira certa, não apenas fornecerá um feedback valioso a partir do seu público-alvo, mas também poderia impressionar os potenciais empregadores com a profundidade da sua ambição e segurança.

Se for estudante, não se esqueça de pedir a opinião dos professores e colegas cujos pontos de vista você valoriza. Aprenda a identificar feedback bom e ruim. Pessoas que fornecem feedback ruim dizem aquilo que elas acham que você quer ouvir. Pessoas que fornecem feedback bom são simples, honestas e construtivas. Elas fornecerão uma impressão genuína sem se concentrar excessivamente nas soluções e na direção de arte.

Não deixe escapar oportunidades de fazer profissionais, como estúdios e outros eventos no setor, revisar seu portfólio

Dica técnica

Como ocorre com testes de usabilidade, a coleta de feedback pode ser feita por meio de *crowdsourcing* usando serviços como Concept Feedback em conceptfeedback.com. Cadastre-se, obtenha uma conta gratuita e carregue imagens ou bonecos do seu site. Membros da comunidade Feedback Concept fornecerão feedback detalhado. Avaliadores têm classificações de reputação que o ajudam a priorizar seus feedbacks.

1// *Concept Feedback, conceptfeedback.com*

2// *Get Satisfaction, getsatisfaction.com*
Inserir uma guia de feedback no site via serviços como Get Satisfaction em getsatisfaction.com pode ser outra boa maneira de coletar ideias úteis para melhorar seu site.

Conectando-se com potenciais empregadores

Para conseguir agendar reuniões com empregadores e clientes alvo, seja proativo, seguro e persistente. Ser proativo e organizado poderia significar criar uma lista de todas as empresas em que você está interessado em trabalhar ou todos os potenciais clientes que você gostaria de conquistar. Comece fazendo sua lição de casa a partir de uma das extremidades da lista até a outra. Uma planilha pode ser uma boa ferramenta para ajudar a gerenciar esse processo.

Visite o site de cada empresa a fim de coletar informações importantes, como endereços de email e nomes de todas as pessoas chave com quem talvez você ache que precisa entrar em contato. O site dessas empresas divulga cargos compatíveis com sua experiência profissional? Se sim, aproveite a oportunidade imediatamente.

Se não houver nenhum anúncio de emprego no site, pense em telefonar para verificar se a empresa está contratando. Se você conseguir contatar um gerente diretamente, o que é raro, mas muito bom, esteja preparado para fazer um "discurso de elevador", isto é, uma breve apresentação do seu histórico profissional. Provavelmente, você simplesmente receberá um endereço de email para enviar seus dados, mas, se eles estiverem tentando preencher um cargo urgentemente que seja compatível com seu histórico profissional, podem fazer considerações especiais.

Verifique sites de banco de dados de empregos e candidate-se a todos os cargos relevantes nos quais você tem interesse. Considere fazer o maior número possível de entrevistas durante sua busca, tanto para praticar como para coletar informações. Você sempre pode recusar a vaga mais tarde se decidir que a função não tem a ver com você.

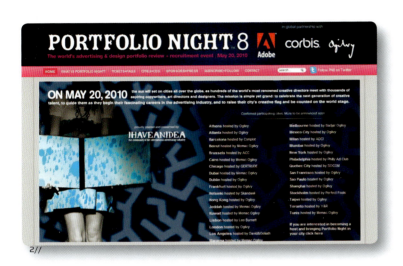

P: O que funciona quando se trata de passar por uma entrevista?

"O que chama minha atenção é uma pessoa apaixonada, não apenas pelo próprio trabalho, mas pela empresa em que ela deseja trabalhar e seu mercado de trabalho em geral."
—Iain McDonald, Founder, Amnesia Razorfish, Australia

Não há nada de errado em entrar em contato com empresas pelas quais você é atraído e demonstrar que você tem interesse em trabalhar nelas. Faça sua lição de casa aprendendo tudo que puder sobre cada empresa a partir de websites e mídia impressa. Use esse *insight* a seu favor fazendo perguntas inteligentes que o aproximem do seu público-alvo.

Forme uma rede maior e você obterá melhores resultados gerais do que se escolhesse um único empregador favorito, buscasse o emprego dos sonhos e simplesmente recebesse uma resposta negativa.

Participe de conferências e seminários do setor e coloque seu ponto de vista para os oradores e moderadores fazendo perguntas pertinentes. Essas pessoas muitas vezes são aquelas com as quais você tentará conseguir um emprego.

1// *Design conference Semi-Permanent, semipermanent.com Conferências e seminários do setor podem ser boas oportunidades de fazer contatos e descobrir oportunidades de emprego.*

2// *Portfolio Night, portfolionight.com Portfolio Night é um evento internacional para profissionais de criação ambiciosos na área de publicidade e é uma oportunidade de conhecer diretores de criação e receber conselhos e feedback valiosos.*

153

Apresentando seu portfólio pessoalmente

1//

Apresentar-se pessoalmente sempre é preferível a apresentar-se por telefone ou por outros meios. Há algumas sutilezas da comunicação que não podem ser transmitidas sem contato olho a olho e a capacidade de interpretar a linguagem corporal.

Pessoalmente, se necessário, você tem a capacidade de mudar o ritmo da sua apresentação e pode escolher o que mostrar com base no feedback do avaliador ou nas dicas que você pegou sobre o ambiente e a atmosfera de trabalho.

Da mesma maneira como você valoriza um portfólio que é visualmente atraente, leve em consideração sua aparência pessoal antes de visitar um potencial cliente ou empregador. Exagerar no modo de se vestir pode ser tão ruim quanto uma aparência desleixada. Imagine como é o ambiente do empregador do ponto de vista das roupas usadas para trabalhar e escolha uma peça no seu guarda-roupa que melhor combine com ele ou o complemente.

Outras dicas fundamentais de apresentação a ter em mente são:

Esteja preparado. Se você tiver dúvidas sobre o empregador ou cliente, anote-as com antecedência e esteja pronto para discuti-las. Faça seu dever de casa sobre o negócio deles e tenha alguns pensamentos e comentários em mente. Para informações adicionais sobre quais perguntas fazer, consulte esse tema mais adiante neste capítulo.

Não se atrase. Chegar atrasado para uma reunião significa duas coisas: que você é desorganizado e que não respeita o tempo do avaliador como você deveria se quisesse conseguir o trabalho.

Seja amigável e positivo. Se normalmente você é uma pessoa triste, faça o que puder, mas entenda que é bem arriscado para um empregador contratar alguém que parece ter uma atitude negativa. Sorria, faça contato visual e seja cordial.

2//

Dica técnica

Se você não tiver certeza se haverá uma conexão com a Internet na sua entrevista, mantenha uma cópia local do site do portfólio no seu laptop para que, independentemente do que aconteça, você esteja preparado.

Como um portfólio online pode ser apresentado em uma entrevista face a face? Uma maneira é levar um laptop para a entrevista e demonstrar seu trabalho via uma explicação passo a passo do seu site. Isso dá ao avaliador a oportunidade de ver como seu site funciona e, assim, quando ele analisá-lo em mais detalhes posteriormente, ele já estará familiarizado com ele.

Se sua produção criativa contiver um elemento tangível, como materiais impressos, você poderia primeiro mostrar o portfólio digital e, então, as partes impressas em um portfólio físico. Essa abordagem mostra suas habilidades de trabalhar em vários tipos de mídia.

Peça feedback na sua revisão e use a perspectiva dos avaliadores para ajudá-lo a melhorar seu portfólio. A experiência que eles têm para revisar portfólios significa que eles sabem o que funciona.

1// *Sean Ball,*
behance.net/seanballdesign
O estojo de CD autopromocional de Sean Ball CD contém seu portfólio, currículo e cartão de visita e cada caixa de metal é apresentada com uma capa atraente.

2// *Deronzier Quentin,*
behance.net/neels
Ter um laptop que também é uma peça de comunicação criativa pode ser um trunfo na apresentação de um portfólio.

Apresentando pelo telefone

Se você estiver procurando emprego remotamente e precisar mostrar a alguém seu portfólio pelo telefone, algumas das mesmas diretrizes já abordadas aqui ainda se aplicam.

É bom estar preparado. Certifique-se de que você está disponível para o telefonema na hora e que o avaliador já tem o endereço Web do seu portfólio na caixa entrada de email. Esse é aquele caso em que é útil ter um endereço Web claro e curto para o caso de ele não receber seu email ou se, por qualquer outra razão, você precise informar verbalmente como acessar seu site. Mantenha um bloco e uma caneta disponível para tomar notas sobre temas como trabalhos adicionais que talvez eles queiram ver e que você precisa enviar mais tarde.

Seja apresentando-se pelo telefone ou pessoalmente, uma boa ideia é dar respostas relativamente sucintas. Falar demais pode incomodar um avaliador. Entre outros problemas, talvez ele não faça muitas perguntas. Uma melhor abordagem é manter a porta aberta para que ele só analise a fundo os temas que interessam a ele.

Como você não pode ver o que eles estão avaliando, talvez você precise perguntar de vez em quando se eles estão vendo o que você acha que eles estão vendo. Você pode organizar isso para que vocês cheguem simultaneamente à visualização principal de um projeto e, então, deixe que eles cliquem nas visualizações dos detalhes à medida que você descreve brevemente seu papel nesse projeto e qualquer coisa especialmente interessante sobre ele.

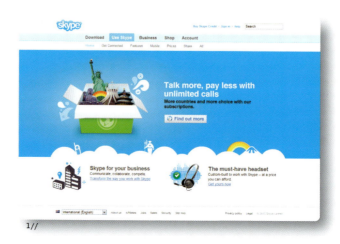

2//

Dica técnica
O Skype oferece chamadas gratuitas de vídeo se você e o avaliador tiverem webcams e contas Skype. Vale a pena considerar isso se você achar que o avaliador tem uma tendência de usar esse tipo de comunicação. Isso permite que uma entrevista seja feita remotamente com alguns dos benefícios da reunião face a face. O Google Talk, o concorrente do Skype, pode ser baixado em google.com/talk.

Não tenha medo de diminuir o ritmo e fazer uma pausa para dar forma aos seus pensamentos conforme necessário. O avaliador tem algo para olhar, portanto, um momento de silêncio não deve ser um problema. Ficar relaxado o ajudará a evitar a tendência de se sentir excessivamente empolgado e falar rápido demais.

Assim como em uma reunião face a face, uma atitude positiva é importante ao tentar causar uma boa impressão. Um truque é lembrar-se de sorrir quando você fala ao telefone. Isso pode ajudar a colocá-lo em um estado de espírito descontraído e positivo e sua voz parecerá mais otimista.

1// *Skype, skype.com*

2// *Google Talk, google.com/talk*

157

Discutindo seu trabalho

1//
2//

A beleza de um portfólio é que você pode escolher apenas os projetos que acha relevante para a discussão que você tem. Esteja preparado para falar sobre seu papel em cada projeto e outras informações importantes. Há algumas coisas que qualquer pessoa vai querer conhecer ao examinar seu histórico profissional. Essa lista é praticamente idêntica à estrutura das descrições que criamos nos nossos projetos de portfólio nos Capítulos Um e Dois. Use-a como um guia de boas referências para:

1. Título do projeto e nome do cliente

2. Sua função

3. O *briefing*

4. Ideia-chave e a base para sua solução

5. O resultado final

Tente evitar cair em uma voz monótona e procure organizar seus projetos conjuntamente como se você estivesse contando uma história. Uma história contínua entre uma parte e outra ajuda a evitar impasses e silêncios. Uma boa história pode ser interrompida e reiniciada sem nenhum problema, portanto, lembre-se de recorrer a alternativas se o avaliador fizer uma pergunta que leve ambos para um caminho diferente. É muito mais importante ter uma discussão que seja relevante para vocês dois do que uma em que só ocorre um monólogo.

Se o clima da entrevista estiver muito formal, conte histórias engraçadas ou interessantes relacionadas à sua experiência profissional.

Se você estiver conversando com um potencial empregador, esteja preparado para discutir suas ambições de longo prazo. Para que uma empresa decida investir tempo a fim de torná-lo parte da equipe, ela vai querer saber que você busca autoaperfeiçoamento e está fazendo o melhor que pode para alcançar seus objetivos. Eis algumas perguntas que talvez sejam feitas ao ser entrevistado para um cargo permanente:

"Quais são seus melhores pontos fortes? Seu piores pontos fracos?"

Esteja preparado para essas perguntas e pense em um ponto forte que possa estar relacionado ao emprego sobre o qual você está lá para discutir. Escolha um ponto fraco que você conhece e para o qual você está desenvolvendo soluções. Isso vai demonstrar sua autoconsciência e ambições em direção a aprimoramentos.

"Onde você se vê daqui a um ano? E daqui a cinco anos?"

Prepare-se para isso descobrindo o que o inspira e projetando para frente no tempo. Se você ficar empacado, encontre portfólios de profissionais de criação que você admira, analise seus trabalhos e suas informações e decomponha isso detalhadamente em uma história sobre onde você quer estar no futuro. Seja específico, mas torne isso alcançável.

"Por que você quer trabalhar aqui?"

Tente responder a essa pergunta demonstrando algumas informações exclusivas sobre o negócio que o atraem. Isso também lhe dá a oportunidade de elogiar a empresa.

1// *Corking Design, Daniel Cork, corkingdesign.co.uk*
A descrição de Daniel desse projeto pessoal é bem conversacional; ela é adequadamente descritiva e concisa, positiva e descontraída.

2// *Sreski, Mark Dormand, sreski.com*
Construir uma página "Quem sou" como essa pode ser uma excelente preparação para entrevistas. Ela pode servir como o roteiro preliminar da sua apresentação que lhe permita se desviar do tema principal quando precisar e voltar a ele quando quiser.

3// *Orman Clark, ormanclark.com*
Lembre-se de ser direto ao descrever o que você faz — uma boa ideia é apresentar uma lista dos serviços que você fornece, como nesse exemplo, se isso já não for óbvio.

159

CAPÍTULO CINCO: Lançando seu portfólio

Perguntas a fazer em entrevistas

Fazer boas perguntas em uma entrevista ou reunião de negócios resulta em três coisas fundamentais:

1. Boas perguntas criam boas respostas. O conhecimento que você ganha será vantajoso mais tarde.

2. Você pode demonstrar que fez o dever de casa e está interessado no negócio e nas pessoas.

3. Você pode comentar que está avaliando os entrevistadores assim como eles o estão avaliando. Esse é um diálogo de duas vias, portanto, fazer as perguntas certas pode ajudar a elevar um pouco o equilíbrio percebido das forças.

As perguntas exatas que você faz dependerão da situação e do dever de casa que você fez, mas eis algumas perguntas comuns que podem levar a informações e discussões interessantes. Questões gerais para fazer às empresas empregadoras de profissionais de criação que procuram trabalho temporário ou permanente:

"Qual é um aspecto específico da função que você está tentando preencher?"

"Qual é seu projeto favorito em que a empresa trabalhou/entregou recentemente e por quê?"

"Qual, em sua opinião, é o grau de trabalho colaborativo que a empresa alcançou?"

"Como você descreve, no menor número possível de palavras, o que a empresa faz quando pressionada a fazer algo?"

"Qual é a tendência ou inovação criativa mais empolgante em que a empresa está de olho no momento?"

"Quem você considera ser seu concorrente e quais são as empresas que você admira?"

1//

Todas essas perguntas são diálogos iniciais e normalmente não podem ser respondidas com uma ou duas palavras. Fazer com que os entrevistadores falem é um bom sinal. Pratique ser um bom ouvinte e leve tudo em consideração.

As perguntas a seguir só devem ser feitas se você não puder obter as informações de outra maneira; elas não são abertas e poderiam fazer parecer que você não fez seu dever de casa:

"Quem são seus clientes?"

"Quais serviços você fornece?"

"Quantos funcionários você tem?"

"Esse é seu único escritório?"

"Qual é a descrição do cargo?"

Questões gerais para fazer diretamente a potenciais clientes se você for um profissional de criação *freelancer*:

"Qual é o problema que estamos tentando resolver?"

2//

"Quando você pensa nesse *briefing*, quais são aquelas marcas e aqueles produtos que você acha que são bons pontos de referência?"

"Qual é a coisa mais importante que precisamos alcançar/comunicar?"

"Quem será meu principal ponto de contato e como o projeto será gerenciado?"

"Quais elementos, diretrizes e considerações da marca eu preciso conhecer?

1// behance.net/gallery/status-calendar/203964
Burak Kaynak e cemhas.com propõem esta pergunta: "O que você está fazendo hoje?"

2// vimeo.com/jrcanest
Canest Jr. faz uma das perguntas mais fundamentais,
"O que é importante para você?"

161

CAPÍTULO CINCO: Lançando seu portfólio

Material autopromocional

1//

O conhecimento do seu público alvo deve lhe dar uma ideia de quanto eles valorizariam a criatividade aparente em quaisquer elementos autopromocionais que você deixe com eles após uma apresentação.

Um cartão de visita bem projetado é um bom recurso para qualquer profissional. Para ilustradores, fotógrafos e outros profissionais de criação, um cartão impresso com uma colagem do trabalho é uma técnica padrão para que os avaliadores tenham uma referência visual que eles possam adicionar aos seus arquivos. Essa abordagem é muitas vezes chamada "autopromoção".

Há muitos exemplos excelentes de abordagens criativas à autopromoção . Se você quiser se destacar da multidão, pense em desenvolver seu material autopromocional como qualquer desafio de criação; comece identificando o problema a ser resolvido e faça um *brainstorm* das ideias. Certifique-se de que há bastante inspiração pesquisando palavras-chave como "autopromoção" (ou, em inglês, "self-promotion") nas redes de design como a Behance.

Claro, a abordagem da autopromoção também pode vir na forma digital. Um CD ou DVD contendo arquivos digitais e decorados com um rótulo impresso que reflete sua identidade é uma opção. O conteúdo do disco mais provavelmente será uma vitrine do seu trabalho em alguma forma de mídia — uma experiência multimídia navegável, um documento PDF, um vídeo ou todos os anteriores. Se o conteúdo for simplesmente uma reprodução do seu site, sem qualquer valor adicional, provavelmente não haverá muita razão para optar por essa alternativa.

Dispositivos de armazenamento pequenos e removíveis podem ser decorados na parte externa com sua identidade e conter os mesmos tipos de arquivos que você gravaria em um CD.

3//

2//

1// Hayden Miller,
hmillerdesign.com
Um cartão de visita e um currículo bem projetados são essenciais para um designer gráfico que trabalha com mídias impressas.

2// Trapped in Suburbia,
trappedinsuburbia.com
Os clientes são convidados a "brincar mais" com esse bloco de notas inteligentemente criado.

3// Alexandra Dobra,
behance.net/alexandradobra
O material autopromocional em CD parece mais profissional quando o encarte e o rótulo são criados com um design intencional.

CAPÍTULO CINCO: Lançando seu portfólio

Fazendo o acompanhamento após as entrevistas

1//

Logo após uma reunião com um potencial cliente ou empregador, muitas vezes esse é o momento em que eles ficam mais impressionáveis. Muito mais do que um simples gesto educado ou profissional, o acompanhamento, ou *follow-up*, bem realizado é um movimento tático para tirar proveito de uma verdade fundamental: se um avaliador se reuniu com vários candidatos, ele estará concentrado nas impressões que se formaram durante as entrevistas. O desafio neste momento é buscar clareza. Seu contato de acompanhamento pode ser o catalisador dessa clareza.

O mínimo que você deve fazer é enviar um email de agradecimento, idealmente mais tarde naquele dia ou, na pior das hipóteses, dentro de 24 horas. Certifique-se de agradecer o avaliador pelo tempo dedicado e forneça quaisquer informações adicionais ou exemplos de trabalhos que ele possa solicitar. Essa também é uma boa oportunidade de reafirmar detalhes de contato, incluindo o endereço do seu portfólio online.

Depois disso, uma boa ideia é fazer um novo acompanhamento mais ou menos uma semana depois do momento em que ele disse que lhe daria uma resposta. Isso permite que, se necessário, eles tenham mais tempo para tomar a decisão sem se sentirem pressionados. Um novo contato nesse momento ajudará a restabelecer seu interesse e manterá você na lembrança deles.

Manter contato enviando links e informações que você considere que seriam interessantes para eles com base nas conversas que talvez vocês tenha tido também pode ser eficaz nesse processo. Mas, tome cuidado para não exagerar, uma vez que entupir a caixa de correio de uma pessoa é uma das piores coisas nos frenéticos ambientes de trabalho de hoje em dia.

Se você trabalha como *freelance* e quer fazer o acompanhamento após uma nova potencial reunião de negócios, considere ir um passo além do simples email de agradecimento. Uma página personalizada para acesso do potencial cliente ou empregador pode ser uma maneira eficaz de mostrar a eles que você valoriza o tempo deles e quer disponibilizar todas as informações relevantes em um local de fácil acesso. Isso também demonstrará sua capacidade de apresentar ideias e informações de uma maneira clara e prática — uma qualidade importante para empresas que querem contratar profissionais de criação.

Para alcançar isso, crie uma página independente fora do seu endereço Web principal e considere preenchê-la com os seguintes elementos:

- Sua carta de agradecimento.
- Links específicos dentro do seu portfólio para trabalhos relevantes para a reunião que você teve.
- Quaisquer informações adicionais ou links de trabalho como discutido na reunião.
- Suas informações de contato.

Transforme a página em um modelo que você possa usar para outros potenciais clientes e simplifique todo o processo.

Há muitas maneiras de ser criativo com essa abordagem. Quanto mais você impressionar com uma técnica de acompanhamento, mais você pode aumentar suas chances de ser contratado.

2//

1// Sarah France, sarahfrance.com
O material promocional de Sarah France é um button que diz a verdade óbvia "Sarah França me deu isso".

2// Scott Buschkuhl, hinterlandstudio.com
Os panfletos do miniportfólio de Scott são um excelente material autopromocional.

165

CAPÍTULO SEIS: Obtendo o máximo do seu portfólio

CAPÍTULO SEIS: Obtendo o máximo do seu portfólio
Destaque-se da multidão

1//

A melhor maneira, a mais confiável e a mais infalível de se destacar da multidão é fazer um trabalho muito bom e certificar-se de que ele aparece no seu portfólio. É aqui que desenvolver um novo trabalho para seu portfólio poderia ser importante. Se você achar que seu currículo precisa de algo mais, faça algo sobre isso. Crie *briefings* inventados e desafios autopromocionais para você mesmo. Para obter mais ideias sobre isso, consulte o Capítulo 3.

Já discutimos como criar seu portfólio de uma forma flexível para que você possa otimizar o mix do conteúdo para cada reunião. Faça isso de uma maneira eficaz e você se destacará pela pura relevância. Insira as partes mais relevantes na frente e posicione as restantes no equivalente a um apêndice. Se isso deixar de fora seu melhor trabalho, reavalie a mistura e ajuste até que o equilíbrio pareça bom.

Outra maneira de impressionar e ser notado é participar ativamente de uma comunidade de design; associar-se a organizações, blogar frequentemente, entrar em competições e colaborar com colegas em projetos por pura diversão. Descobrir o tom de voz certo para falar sobre essas qualidades em uma reunião pode ser bem importante para contar sua história completa.

Portfólios online altamente conceituais são uma forma de se diferenciar. Certamente, quando comparados com uma página de rolagem muito simples, uma visualização no estilo galeria e estruturas de conteúdo de navegação por listas como discutido no Capítulo Dois, sites de *portfólio* criados em torno de um conceito original — uma metáfora visual, um dispositivo de navegação único ou algo totalmente abstrato, mas mágico — provavelmente chamarão mais a atenção das pessoas. Conceituar e criar sites como esses exigem mais esforço e pode ser desafiador. Falhe e você corre o risco de parecer como se tivesse sobrecarregado a solução. Avalie seu próprio risco/recompensa, prós e contras e descubra o equilíbrio que você acha melhor.

A maneira como você se porta na entrevista ou na reunião de negócios também é um quesito em que você pode causar uma boa impressão. Calma, segurança, bom contato visual, preparação, interesse e envolvimento… todas essas qualidades combinadas farão maravilhas para sua imagem.

Se estiver relaxado e amar o que faz, você provavelmente será capaz de injetar um pouco de diversão e humor na apresentação do seu trabalho. Se você conseguir fazer alguém rir, isso é um bom começo.

Por fim, recapitulando: o melhor jeito de causar uma boa impressão é ter um plano, estar preparado, saber o que você está fazendo para que não haja surpresas e, então, respirar profundamente e sentir-se seguro sobre quem você é e o que você faz.

P: O que as pessoas podem fazer para chamar sua atenção?

"Alguém que pode criar um bom currículo chama minha atenção. É uma boa indicação se o designer conhece tipografia."
—Annie Huang, Creative Director, Bocu & Bocu, Los Angeles

"Só me mostre trabalho forte e original apresentado de uma maneira clara e apaixonada."
—Andy Pearce, Creative Director, Amnesia Razorfish, Australia

1// Reclarkgable,
reclarkgable.com
Grandes ideias bem executadas sempre se destacam.

2// Iain Crawford,
behance.net/iaincrawford and iaincrawford.com
Exposições em redes sociais de profissionais de criação, como o Behance, podem ajudar seu portfólio a se destacar.

167

Evite erros comuns de apresentação

Eis alguns erros comuns ao apresentar um *portfólio* e algumas sugestões sobre como evitá-los:

- Não saber nada ou mesmo não conhecer bem a função e a empresa.
- Faça sua lição de casa! Revise o site da empresa e saiba o que as pessoas falam dela.
- Não se perca no caminho para uma reunião e não se atrase.
- Prepare-se antecipadamente traçando o percurso certo e procure chegar cedo ao local. Tome um café ou uma bebida qualquer só para dar uma volta antes da reunião.
- Não confie no fato de que o examinador terá um computador ou haverá uma conexão com a Internet que você pode acessar.
- Tenha seu site de portfólio inteiro ou simplesmente amostras do seu trabalho disponíveis em um laptop sem a necessidade de uma conexão com a Internet.
- Não fale muito rápido nem dê respostas excessivamente longas às perguntas.
- Relaxe. Respire calmamente. Dê respostas relativamente curtas às perguntas. Deixe que o examinador fale e ouça atentamente.
- Não seja excessivamente negativo sobre os empregadores anteriores, já que isso pode revelar que você atrai controvérsias.
- Discuta situações passadas em termos dos desafios e das medidas que você adotou para criar soluções que os superou. Enfatize o positivo.
- Não se esqueça de que você é o único conduzindo a apresentação do seu *portfólio*.
- Seja aquele que dá o ritmo e conte sua história.

Alguns conselhos gerais para definir mentalmente as expectativas adequadas:

É fácil ter uma expectativa muito alta do resultado de uma reunião ou entrevista de negócios. Se você não conseguir o emprego, isso pode ser desanimador e um desafio que não deve ser tomado pessoalmente. Tente evitar essa rejeição arrasadora definindo expectativas apropriadas para você mesmo antes de uma entrevista.

O desafio é sentir-se suficientemente seguro na reunião (empolgação), mas não criar uma expectativa tão alta que você possa desabar se não conseguir o emprego (abatimento). A resposta está na preparação, no poder de considerar um grande número de possibilidades e em uma disposição de espírito quase budista de calma e confiança.

1//

Eis uma demonstração de como se preparar para uma entrevista:

Cenário mental A: "Eu realmente quero esse emprego. Na verdade, eu preciso desse emprego. É o emprego perfeito para mim. Eu realmente espero que isso funcione e ficarei arrasado se não funcionar."

Cenário mental B: "Sempre fui um fã desse lugar e realmente adoraria trabalhar aqui algum dia. Mas há vários locais onde poderia ser feliz. Tudo o que realmente quero conseguir hoje é estabelecer contato e trocar algumas informações. Eu poderia até mesmo obter algum feedback útil sobre meu *portfólio.*"

O cenário A é uma receita para o sofrimento. Você está se preparando para estresse. O cenário B é sólido porque é quase impossível não alcançar esses objetivos.

Nutrir uma atitude de que há muitos lugares onde você poderia trabalhar alegremente ajudará significativamente sua capacidade de ser calmo e confiante.

Definir objetivos como estabelecer contatos e trocar informações úteis é uma maneira eficaz de dar pequenos passos em direção ao objetivo final de fazer sua carreira avançar. Quanto mais conversas você tem com profissionais seniores na sua área, mais você aprenderá e mais eles o conhecerão.

P: Qual é o erro mais comum que você vê as pessoas cometerem em seu portfólio ou nas entrevistas?

"O erro mais comum que eu vejo as pessoas cometerem é mostrar muito e falar muito."
—Annie Huang, Creative Director, Bocu & Bocu, Los Angeles

"Um *book* mal organizado é um erro comum. Comece forte, termine forte e conte uma história com o trabalho."
—Andy Pearce, Creative Director, Amnesia Razorfish, Australia

1// *Não dependa dos outros a fim de dispor de um computador para apresentar seu trabalho digitalmente— leve o seu.*
© Travis Isaacs flickr.com/photos/tbi-saacs creativecommons.org/licenses/by/2.0

169

CAPÍTULO SEIS: Obtendo o máximo do seu portfólio

Autopromoção online

Elevar seu perfil nas redes relevantes é uma ótima maneira de aumentar a quantidade de trabalho e oportunidades criativas que chegam à sua porta. Manter um blog, participar de uma rede social de profissionais de criação e entrar em competições e concorrências são três maneiras eficazes de elevar seu perfil online.

Entre em competições e concorrências como um desafio para você mesmo e adicione isso ao seu portfólio. Em um dado momento qualquer, há um grande número de competições e concorrências para todos os diferentes formatos por todas as disciplinas. Faça uma pesquisa online, navegando pelas redes sociais de profissionais de criação, prestando atenção ao Twitter Search, e escolhendo tags relevantes no Delicious, o popular serviço de *bookmarking* (armazenar, organizar e compartilhar links de páginas Web).

Participe de algumas redes sociais de profissionais de criação para obter feedback, colaborar com outros e saber sobre oportunidades de trabalho. Semelhante aos serviços profissionais online de portfólio, as redes sociais de profissionais de criação permitem criar um perfil gratuito e mostrar seu trabalho. Há uma ênfase em juntar amigos e seguidores na rede e você descobrirá muitos recursos das redes sociais em amplo uso, como a capacidade de outras pessoas deixar comentários sobre seu trabalho.

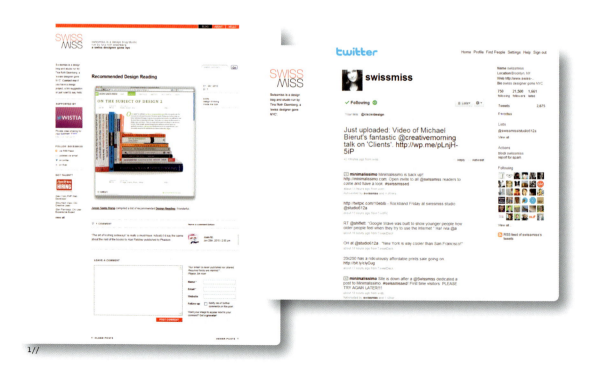

1//

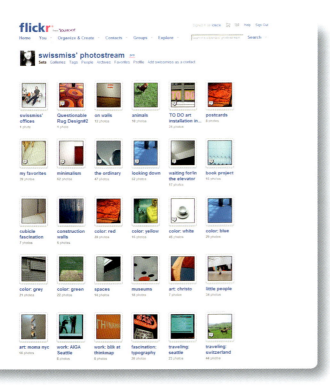

P: Como fica sabendo sobre os portfólios que você analisa? Como você entrou em contato com eles?

"Não se trata apenas de portfólios que aterrissam na minha mesa — eu também descubro pessoas. Gosto de ver um grande trabalho e o procuro via canais sociais como Twitter, LinkedIn, blogs etc. É parte do meu trabalho manter os olhos abertos — as pessoas que tornam seus trabalhos 'descobríveis' na era das redes sociais podem ter uma vantagem."
— Iain McDonald, fundador da Razorfish Amnesia, Austrália

Crie um perfil e comece a fazer seu *networking*, compartilhar ideias e informações e ganhar visibilidade entre os potenciais empregadores. As redes sociais de profissionais de criação mais populares incluem o Behance, o Tumblr, o deviantART e o Flickr.

Manter um blog para divulgar seus interesses e pensamentos ajuda a iniciar conversas e aumenta a otimização do mecanismo de busca do seu site. Plataformas de blog suportam imagens, texto e vídeo embutidos. Plataformas populares gratuitas de blogs incluem o WordPress, o Blogger e o Tumblr.

Para obter mais informações sobre blogs, consulte o Capítulo Três.

1// Swiss Miss, Tina Roth Eisenberg, swiss-miss.com, twitter.com/swissmiss,

flickr.com/photos/swissmiss
Swiss Miss é um popular blog de design que começou como um projeto pessoal. A maneira como Tina usa mídias sociais é um excelente exemplo para profissionais de criação seguirem.

171

Galeria

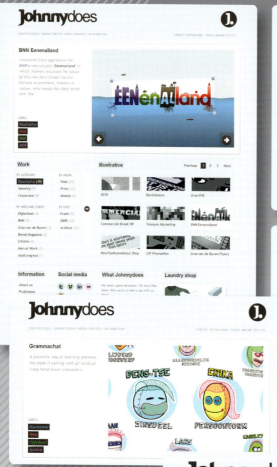

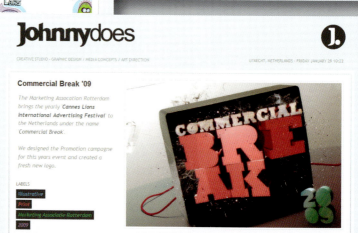

Johnnydoes, johnnydoes.nl
Design gráfico, conceitos de mídia e direção de arte
Holanda
Formato de galeria.

HunterGatherer, huntergatherer.net

Design, ilustração,

animação e produção

Brooklyn, Nova York, EUA

Formato de galeria.

Galeria

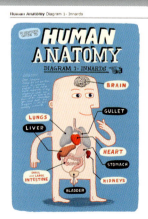

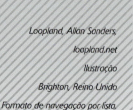

Loopland, Allan Sanders,

loopland.net

Ilustração

Brighton, Reino Unido

Formato de navegação por lista.

Resn,

resn.co.nz

Agência interativa

Nova Zelândia

Formato de navegação por lista.

Galeria

Julia Fullerton-Batten,
juliafullerton-batten.com

Site produzido pela Bite,
bitedigital.com

Fotografia
Londres, Reino Unido

Formato de navegação por lista.

Adhemas Batista,

adhemas.com

Direção de arte, design,

ilustração e fotografia

Los Angeles, EUA

Formato de página com rolagem.

177

MANUTENÇÃO

Capítulo Sete:
Mantendo seu portfólio

- Fazendo upload do novo trabalho — 180
- Protegendo peças impressas — 182
- Armazenando arquivos digitais — 184

MANUTENÇÃO

Capítulo Sete:
Mantendo seu portfólio

- Fazendo upload do novo trabalho — 180
- Protegendo peças impressas — 182
- Armazenando arquivos digitais — 184

MANUTENÇÃO

O lançamento do seu site é apenas o começo. Um portfólio só é bom se o conteúdo for constantemente atualizado, portanto, considere a frequência e a maneira como você planeja manter seu trabalho no topo do ranking.

Se seu trabalho for principalmente baseado em mídia impressa, é recomendável manter os originais bem protegidos. Discutiremos algumas dicas sobre como armazenar papel e forneceremos informações sobre armazenamento e gerenciamento de arquivos digitais.

CAPÍTULO SETE: Mantendo seu portfólio
Fazendo upload do novo trabalho

A facilidade do gerenciamento de conteúdo de qualquer site depende do tipo de site e como ele foi projetado e construído. Para serviços de portfólio, como Krop e Behance, manter o conteúdo é simples. Da mesma forma, qualquer site ou blog construído no WordPress é relativamente fácil de atualizar.

Sites construídos de uma maneira personalizada apresentam um desafio diferente. A menos que uma ferramenta específica tenha sido implementada para manter o conteúdo, todas as alterações terão de ser feitas por alguém com conhecimentos nos fundamentos do desenvolvimento de interfaces para a Web (ou *front-end*).

Sites altamente conceituais com estruturas e sistemas de navegação únicos podem ser especialmente difíceis de manter, uma vez que geralmente eles exigem trabalho adicional de design, bem como no processo de desenvolvimento quando são feitas atualizações no conteúdo.

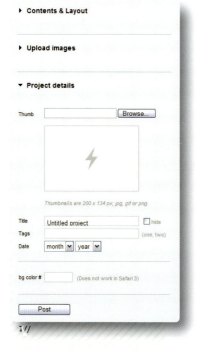

3//

Uma boa ideia é documentar seu trabalho à medida que você o conclui antes da atualização do próximo portfólio. Tenha o hábito de separar e guardar bonecos, fotos, digitalizações e documentos dos processos de trabalho ao fim de cada projeto. Armazene esses arquivos digitais em um único local central para que, da próxima vez que atualizar seu site, você não precise quebrar a cabeça.

Mas, ao decidir transferir o novo conteúdo para seu site, certifique-se de testar o resultado final cuidadosamente procurando erros de ortografia e defeitos gráficos.

Dica rápida

Para evitar erros de ortografia, pense em escrever descrições do seu trabalho em um software para desktop que tenha um corretor ortográfico embutido, como o Microsoft Word e, então, cole-o daí para seu site.

1// *Cargo Collective,*
cargocollective.com
O painel de manutenção de conteúdo da Cargo é voltado para um público que tem um domínio relativamente bom de informática e permite um alto nível de personalização.

2// *Carbonmade,*
carbonmade.com
O Carbonmade fornece uma interface simples e fácil para adicionar novo conteúdo ao seu site.

3// *WordPress,*
wordpress.com
Um exemplo de um editor padrão da indústria para criar uma nova postagem em um blog.

Protegendo peças impressas

A maioria dos papéis contém ácido, o que fará com que o material torne-se amarelado e frágil com o tempo. Para ajudar a neutralizar esse efeito, armazene as peças impressas horizontalmente separadas por folhas de papel livre de ácido. Mantenha o material longe da luz e umidade.

É muito fácil material impresso envergar, amassar, enrugar, rasgar ou adquirir bordas denteadas se não for adequadamente protegido. Proteja seu trabalho contra danos físicos armazenando-o em contêineres bem estruturados. Pastas para arquivar portfólios e armários para armazenar arte plana com bandejas deslizantes são duas opções.

Há vários fabricantes e fornecedores de recipientes e móveis para armazenamento de papel, mas lembre-se de procurar especificamente produtos de "arquivamento" se quiser garantir uma vida longa para seu material.

Se você optar por emoldurar seu trabalho impresso, fique atento a como você o emoldura e onde você o pendura. Se você mesmo estiver pensando em fazer isso, eis algumas dicas a ter em mente ao emoldurar, ou se você quiser alguns critérios para ajudá-lo a avaliar a qualidade do trabalho de um profissional:

- Pendure o trabalho fixando-o ao forro apenas pela borda superior.
- Pendure-o usando dobradiças de papel de arroz japonês coladas com cola de trigo ou de arroz.
- Use um material de revestimento 100% algodão para melhor proteger contra os efeitos do ácido no material impresso.
- Use acrílico ou vidro de conservação de qualidade para ajudar a filtrar os raios UV.
- Proteja o forro com uma capa de plástico para impedir que pó e insetos alcancem o trabalho a partir de trás.
- Evite pendurar seu trabalho em ambientes com umidade ou luz solar excessivas.

1//

2//

Documentação por meio de digitalização e fotografia são boas maneiras de ter paz de espírito. Pode ser tranquilizador saber que você tem um registro adicional do trabalho e que pode fazer um backup em um local separado no caso de incêndio ou outros danos. Consulte no Capítulo Três dicas sobre como digitalizar seu trabalho.

1// Mar Hernández,
malotaprojects.com
Uma das belas ilustrações de Mar Hernández,
enquadrada de uma maneira cuidadosa e simples.

2// 25ah,
25ah.se
Um exemplo de material impresso complexo que poderia sofrer danos a longo prazo se não for armazenado adequadamente.

183

Armazenando arquivos digitais

Ao armazenar seus arquivos digitais, sempre mantenha versões de alta resolução das imagens no formato TIFF ou no formato JPEG com a qualidade configurada como muito alta ou máxima. Independentemente da resolução em que eles serão impressos para vários usos, sempre é recomendável ter os arquivos fonte originais, descompactados e em alta resolução à mão. O mesmo princípio aplica-se a vídeo e seus diversos formatos de arquivos compactados.

Não aplique compactação JPEG a um arquivo que já foi compactado via JPEG se puder evitar isso. O resultado não será tão bom como seria se você simplesmente aplicasse a mesma quantidade de compactação ao original. Sempre que você compacta uma imagem dessa maneira, ela degrada um pouco mais.

Ao começar a trabalhar nos seus primeiros arquivos digitais, pare por um momento e crie um sistema de arquivos que facilite encontrar um trabalho específico mais tarde. Pense em organizar seu trabalho em pastas por projeto armazenadas dentro de pastas classificadas por ano.

Há vários softwares disponíveis para download que você pode utilizar para navegar pelos seus arquivos digitais. Um desses produtos é o plugin Cool Iris, disponível em cooliris.com. Sua interface 3D é uma maneira convincente e intuitiva de pesquisar imagens e vídeo no computador local ou na Web.

1//

2//

3//

É recomendável manter seu backup de arquivos em um CD ou DVD. Discos rígidos portáteis são outra opção. Um benefício adicional de um site de portfólio online é que ele funciona como um backup (de baixa resolução) do seu trabalho.

Outra opção é usar uma solução de armazenamento remoto de arquivos digitais baseada na Web, como o Mozy. Há muitas soluções com diferentes recursos, portanto, pesquise ao comprar. Esses serviços costumam oferecer uma opção gratuita para um baixo volume de armazenamento e opções pagas para uma quantidade ilimitada ou muito grande.

1// *Cool Iris,*
cooliris.com
Plugin de navegação e pesquisa de imagens e vídeos.

2// *Drobo,*
drobo.com
Dispositivo desktop de armazenamento de arquivos digitais.

3// *Mozy,*
mozy.com
Site de armazenamento remoto de arquivos digitais baseado na Web.

Recursos

Recursos de design

24 Ways — Artigos e tutoriais sobre Web design e desenvolvimento Web, *24ways.org*
Abduzeedo — Inspiração para design gráfico e tutoriais sobre Photoshop, *abduzeedo.com*
The Artists Web — Serviços e informações para artistas online, *theartistsweb.co.uk*
Ffffound! — Serviço de *bookmarking* (armazenamento, organização e compartilhamento de links) de imagens, *ffffound.com*
The FWA: Favorite Website Awards — galeria de sites, *thefwa.com*
QBN — Notícias e discussões sobre o setor de design, *qbn.com*
Smashing Magazine - Web design e desenvolvimento de blogs, *smashingmagazine.com*

Recursos técnicos

Blogo — Ferramenta de publicação de blogs para Macs, *drinkbrainjuice.com/blogo*
Godaddy — Provedor de hospedagem, *godaddy.com*
Indexhibit — Sistema de gerenciamento de conteúdo do tipo "faça você mesmo", *indexhibit.org*
jQuery Plugins — Útil biblioteca de JavaScript, *plugins.jquery.com*
Media Temple — Provedor de hospedagem, *mediatemple.net*
Rackspace — Provedor de hospedagem, *rackspace.com and rackspace.co.uk*
TechSmith — Criadores dos programas de captura de tela Snagit e Camtasia, *techsmith.com*
TopCoder — Programação/desenvolvimento com base em crowdsourcing, *topcoder.com*
Vimeo — Comunidade para postagem de vídeos criativos, *vimeo.com*
Webtoolkit4.me — Recursos para designers e desenvolvedores Web, *webtoolkit4.me*
Windows Live Writer — Ferramenta de publicação de blog para PCs., *download.live.com/writer*

Serviços gratuitos

Behance Network — Rede social de profissionais de criação, *behance.net*
Blogger — Plataforma de blog, *blogger.com*
Carbonmade — Serviço profissional de portfólio, *carbonmade.com*
Cargo Collective — Serviço profissional de portfólio, *cargocollective.com*
Coroflot — Serviços de portfólio e comunidade de profissionais de criação, *coroflot.com*
deviantART Portfolio — Serviço profissional de portfólio, *portfolio.deviantart.com*
Flickr — Rede social voltada para fotografia, *flickr.com*
Krop Creative Database — Serviço profissional de portfólio, *krop.com/creativedatabase*
RedBubble — Galeria de arte e comunidade, *redbubble.com*
Tumblr — Plataforma de microblog , *tumblr.com*
WordPress — Plataforma de blog, *wordpress.com*

Questões jurídicas

The Copyright Website — Informações e recursos sobre direitos autorais, *benedict.com*

Copyright — Verbete da Wikipedia, *en.wikipedia.org/wiki/copyright*

Crash course in copyright — Site da Universidade do Texas,
   utsystem.edu/ogc/intellectualproperty/cprtindx.htm

Creative Commons — Plataforma de licenciamento gratuito, *creativecommons.org*

Derivative work — Verbete da Wikipedia, *en.wikipedia.org/wiki/derivative_work*

Digital Millennium Copyright Act — Verbete da Wikipedia,
   en.wikipedia.org/wiki/digital_millennium_copyright_act

Fair Use of Copyrighted Materials — Site da Universidade do Texas,
   utsystem.edu/ogc/intellectualproperty/copypol2.htm

Fair use — Verbete da Wikipedia, *en.wikipedia.org/wiki/fair_use*

U.S. Copyright Office — Departamento oficial do governo dos EUA, *copyright.gov*

Empregos no mercado de trabalho de criação

Behance, *behance.net/job_list*

Coroflot, *coroflot.com/public/jobs_browse.asp*

The FWA jobs, *thefwa.com/jobs*

Krop, *krop.com*

Krop jobs on Twitter, twitter.com/krop_jobs

Pessoas a seguir no Twitter

@abduzeedo
@behance
@designerdepot
@fwa
@ilovetypography
@ISO50

@mlane
@qbncertified
@ryancarson
@smashingmag
@swissmiss
@zeldman

Para recursos adicionais, acesse *clazie.com/digitalportfolios*

Colaboradores

O autor e o editor gostariam de agradecer às pessoas a seguir que contribuíram com imagens neste livro:

25ah, *25ah.se*
Adam Mulyadi, *coroflot.com/public/individual_details.asp?individual_id=282174*
Adam Rix, *adamrix.com*
Adhemas Batista, *adhemas.com*
Alexandra Dobra, *behance.net/alexandradobra*
Alexey Abramov, *alexarts.ru*
Alexey Chenishov, *ftdesigner.net*
Anton Repponen, *repponen.com*
Billy Tamplin, *billytamplin.com*
Bio-bak, *bio-bak.nl*
Bonnie Jones, *bonniejonesphoto.wordpress.com*
Brianna Garcia, *briannagarcia.daportfolio.com*
Burak Kaynak and cemhas.com, *behance.net/gallery/status-calendar/203964*
Camelia Dobrin, *camellie.com*
Carsonified, *carsonified.com*
Chuck U, *chucku.com*
Corking Design, Daniel Cork, *corkingdesign.co.uk*
Danilo Rodrigues, Darek Nyckowiak, *thetoke.com*
Darren Whittington, *digitalvsprint.com*
Dave Werner, *okaydave.com*
David Arias, *krop.com/davidarias*
Deronzier Quentin, *behance.net/neels*
Designbum, Issara Willenskomer, *designbum.net*
Designchapel, Robert Lindström, *designchapel.com*
Kidplastik, Drew Taylor, *kidplastik.com*
Esteban Muñoz, *estebanmunoz.com*
Face, *designbyface.com*
Fat-Man Collective, *fat-man-collective.com*
Firstborn, *firstbornmultimedia.com*
Flourish Web Design, *floridaflourish.com*
Form Troopers, *formtroopers.com*
Fudge, *madebyfudge.com*

Gabrielle Rose, *drawgabbydraw.tumblr.com*
GrandArmy, *grand-army.com*
Guõmundur Bjarni Sigurõsson, *gummisig.com*
Hayden Miller, *hmillerdesign.com*
Heads of State, *theheadsofstate.com*
Hello Monday, *hellomonday.net*
HunterGatherer, Todd St. John, *huntergatherer.net*
Iain Crawford, *behance.net/iaincrawford iaincrawford.com*
Jan Pautsch.Lilienthal, *thismortalmagic.com*
Jeff Vermeersch, *vermeersch.ca*
Jelle Gijsberts, *jellepelle.nl/archives/282*
Jessica Hische, *jessicahische.com*
Joe Bauldoff, *bauldoff.com*
Johnnydoes, *johnnydoes.nl*
JPEG Interactive, *jpeg.cn*
Jr. Canest, *vimeo.com/jrcanest*
Juan Diego Velasco, *juandiegovelasco.com*
Julia Fullerton-Batten, *juliafullerton-batten.com*
Justin Maller, *justinmaller.com*
Kareem King, *kx2web.com*
Karim Charlebois-Zariffa, *karimzariffa.com*
Kashmir Creative, Alex Antuna, *kashmircreative.com*
Kris Robinson, *oinkfu.com*
Loopland, Allan Sanders, *loopland.net*
Louise Fili, *louisefili.com*
Maciej Hajnrich, *valpnow.com*, *flickr.com/photos/valp00*
magneticNorth (mN), *mnatwork.com*
Marc Atlan, *krop.com/marcatlan*
Mar Hernández, *malotaprojects.com*
Marumiyan, *marumiyan.com*
Matt Titone, *matttitone.com*
Michael Kleinman, *samegoes.com*
Michele Angelo, *superexpresso.com*

Mika Mäkinen, *mcinen.net*
Mike Chan, *behance.net/mike7*
MIND Castle, *vimeo.com/8362481 mindcastleblog.com*
Monica Brand e Francisco López, *mogollon-ny.com*
Moxie Sozo, *moxiesozo.com*
Nelson Balaban, *xtrabold.net*
Nessim Higson, *iamalwayshungry.com*
New to York, Tyler Thompson, *newtoyork.com*
Nick Jones, *narrowdesign.com*
Oleg Kostuk, *theoleg.com*
Orman Clark, *ormanclark.com*
Oscar Barber, *oscarbarber.com*
Paul Lee Design, *paulleedesign.com*
Positive Hype, *positivehype.com*
Proud Creative, *proudcreative.com*
Qube Konstrukt, *qubekonstrukt.com*
Ray Sison, *skilledconcept.com*
Reclarkgable, *reclarkgable.com*
Resn, *resn.co.nz*
Ribbons of Red, *ribbonsofred.com*
Rob Palmer, *branded07.com*
Rolando Mèndez Acosta,
Ronnie Wright, *ronniewright.co.uk*
Ryan Zunkley, *ryanzunkley.com*
Sarah France, *sarahfrance.com*
Scott Buschkuhl, *hinterlandstudio.com*
Scott Hansen, *iso50.com*
Sean Ball, *behance.net/seanballdesign*
Sean Freeman, *thereis.co.uk*
Serial Cut, *serialcut.com*
squareFACTOR, *squarefactor.com*
Sreski, Mark Dormand, *sreski.com*
Swiss Miss, Tina Roth Eisenberg,

The Keystone Design Union, *thekdu.com*
The Norik, *thenorik.com, blog.thenorik.com*
Toby Caves, *phigerone.com*
Toothjuice, Josh Clancy, *toothjuice.net*
Toy, *toyny.com*
Trapped in Suburbia, *trappedinsuburbia.com*
Trevor Van Meter, *tvmstudio.com*
Wonderwall, *wonder-wall.com*
X Producciones Graficas, Javier Castillo, *xgraphica.com*
X3 Studios, *x3studios.com*
Zeebee Visual Communications, *zeebee.co.uk*

O autor e a editora agradecem às seguintes pessoas por contribuírem para as seções "Os empregadores falam":

Annie Huang, Creative Director, Bocu & Bocu, Los Angeles
Blake Kidder, Associate Creative Director, TBWA\Chiat\Day, Los Angeles
Elke Klinkhammer, Creative Director, Neue Digitale/Razorfisch, Germany
Iain McDonald, Founder, Amnesia Razorfish, Australia
Andy Pearce, Creative Director, Amnesia Razorfish, Australia

O autor e a editora agradecem às seguintes pessoas por contribuírem com seus conhecimentos e sugestões:

Lizzie Joyce, Associate Art Director, Amnesia Razorfish
Dan Krause, Digital Designer, Amnesia Razorfish
Stephan Lange, IT Lead, Amnesia Razorfish
Sandor Moldan, Art Director, Amnesia Razorfish
Jeremy Somers, Senior Creative, Amnesia Razorfish

Índice

A

acordos de não concorrência, 128
Adobe After Effects, 61, 115
Adobe Creative Suite, 59
advogados, 129-30
agências, 15
alinhamento centralizado, 55
animação, 28, 60-61, 82, 95, 149
animação gráfica, 28, 61, 114-15
anotações, 33
apresentação, 31, 33, 41, 60, 62, 70, 79, 93, 97, 121, 168-69
arquivamento, 38, 182
arte de rua, 93
artistas, 38, 92, 94, 128, 148, 150
assinaturas, 31, 34-35, 131
atalhos, 17
atribuições inventadas, 23, 31, 96, 101, 104-7, 166
atualizações, 31, 38, 180-81

B

balanço, 25, 111, 113
behance.net, 36, 73, 98, 106, 171, 180
benedict.com, 130
bibliotecas de referência, 72-73, 79, 106
biografia, 32, 35, 122-23, 148
bitmaps, 60
blogger.com, 38-39, 171
Blogo, 39
blogs, 19, 31, 38-39, 42, 69, 124-25, 166, 170-71
bonecos, 65, 81-83, 93, 149, 181
bordas, 55
brainstorm, 27, 65, 70, 75, 162
briefings, 12, 22-23, 33, 52, 70, 74-75, 77, 83, 92, 105, 118-20, 158, 161, 166

C

cabeçalhos/títulos de página, 17, 56
cadernos de desenho, 72, 76, 78-79
caixas de luz, 41, 62-63
câmeras, 32, 72, 110-11
carbonmade.com, 34
cargocollective.com, 35
cartões de visita, 18, 117, 162
cartunistas, 16
Cascading Style Sheets (CSS), 56, 58-59, 68-69, 82a
categorias de estrutura, 40-47
Chrome, 58, 149
clazie.com, 25, 69, 105, 115
codificação manual, 59
colaboração, 13, 31, 52, 64-65, 82, 92, 106, 136-37, 166, 170
colagens, 72, 162
comércio eletrônico, 38

compactação, 108-9, 184
competições, 107, 166, 170
composição, 41, 92, 96
comprimento de linha ideal, 57
computadores, 14, 95, 149, 168, 184
comunicação, 13-15, 20, 24, 65, 70, 80-81, 92, 118, 121, 154, 157, 161
conceitos, 26-27, 40, 46-47, 51, 61, 75, 79-80, 83, 166, 180
conteúdo, 19, 90-143
contexto, 12-13, 15, 93
contraste de escala, 56
contratos, 128-29, 131
Convenção de Berna, 132
copyright.gov, 130, 132
cores, 25, 32, 96, 111, 113
coroflot.com, 36
cortando, 41
creativecommons.org, 133
créditos, 64, 125, 136-37
crowdsourcing (colaboração em massa), 66-67, 106-7, 149
crowdspring.com, 107
currículos, 32, 35, 122-23, 128, 148, 167

D

design de embalagem, 16
design interativo, 25, 28, 51, 60
design têxtil, 16
designers gráficos, 13, 16, 21, 34, 49, 96, 100, 106
deviantart.com, 34-35, 37, 171
diagramas de mapa de site, 65
digimarc.com, 131
digitalização, 108-9
direitos autorais, 91, 130-35, 137
direitos de propriedade intelectual, 128, 131-32
diretores de arte, 13-15, 70-71, 92, 120
diretores de criação, 14-15, 70-71, 74, 92, 120
diretores de design, 14-15
diretrizes, 54, 111-12, 118, 124-25
"discurso de elevador", 16-17, 20-21
dispositivos móveis, 55
divisão do tempo (*time slicing*), 56
download.live.com/writer, 39
downloads, 39, 59, 62, 115, 184
Dreamweaver, 59
drinkbrainjuice.com/blogo, 39

E

editores de texto, 59
elementos de interface, 25-26, 28, 31, 79
email, 68-69, 126-27, 152, 156, 164-65
encontrabilidade, 56
endereço Web, 19, 34, 60

entrevistas, 33, 98, 146, 151-52, 154-55, 157, 159-61, 164-65, 167-69
erros, 52, 122, 148, 168-69, 181
escalabilidade, 47
esquemas, 65
estilo de página, 58
estratégia, 8, 10-89, 92, 96
ética, 91, 125, 128-43
exercício prático, 31
exercícios, 18
exibição de descrições, 52-53
exibição no formato de galeria, 40-42, 44, 47, 98, 166
expectativas, 12
Favorite Website Award, 61, 73
favoritos (*bookmarks*), 17
feedback, 9, 33, 78, 82, 106, 127, 145-47, 150-51, 154-55, 169-70
ffffound.com, 73
Firefox, 58, 149
fivesecondtest.com, 149
Flash, 28, 60-61, 68-69, 82, 149
flexibilidade, 13, 15
flickr.com, 37, 73, 98, 133, 171
FLV, arquivos, 61-62
fonte de visualização, 58
fontes, 65
formulários de contato, 126-27, 148-49
fotógrafos/fotografia, 16, 21, 34, 37-38, 49, 71, 92, 110, 162
funções, 22-23, 33, 52, 92, 96, 119, 136, 156, 158, 168
fundos, 55

G

galerias, 84-89, 138-43, 172-77
galerias de arte, 24, 53
GIFs, 108
godaddy.com, 68
Google Toolbar, 57
google.com.talk, 157

H

hierarquia/arquitetura de informação, 21, 25, 48-50, 52, 79, 96
histórico de trabalho, 92
homepages, 57, 148
hospedagem compartilhada, 68
hospedagem em nuvem, 69
hospedagem Web gratuita, 69
HTML, 17, 57, 61, 82-83
Hypertext Markup Language Extensible *ver* XHTMLF

I

ideias-chave, 22-23, 119, 121, 158
ideias/inspiração, 15, 27, 72-73, 75, 78, 81, 92

identidade. *Ver* identidade de marca
identidade de marca, 18–19, 25, 34, 37, 56, 70, 115, 117, 162
iluminação, 32, 108, 110–11
ilustradores, 13, 16, 21, 34, 38, 49, 71, 92, 94, 96, 100, 120, 162
imagens vetoriais, 60
indexhibit.org, 59
inspiração, 124
Internet Explorer, 58, 149
intervalo de atenção, 14, 16
iPhones, 55

J

janelas de navegador, 17
JavaScript, 57–60, 63
JPEGs, 32, 65, 108–9, 184
jQuery, 63
krop.com/creativedatabase, 35, 180

L

largura de coluna de texto, 57
layouts, 25, 54–55, 58–59
legendas, 22, 35, 92
legibilidade, 57, 148
links, 22–23, 64, 69, 98, 119, 123, 137, 164–65
Linux, 69
Live Writer, 39
local, 17
loop11.com, 149

M

Macs, 39, 149
mala direta, 18
marketing, 18
mecanismos de pesquisa, 17, 19, 38, 60, 171
mediatemple.net, 68
melhor trabalho, 14, 21, 28, 80, 99, 101, 103, 114–15, 169
menus suspensos, 50
meta name, tags, 17
miniaturas:, 41, 44, 57
modelos, 32, 35, 39, 165
moodboards, 72, 81
murais, 93
música, 28

N

navegação, 13, 17, 29, 34, 42, 46, 50–51, 56, 66, 71, 96–98, 127, 148–49, 166, 180
navegação por lista, 40, 44–45, 47, 166
networking, 34–39, 98, 123, 137, 170–71
nome de domínio, 19, 69
nomes de cliente, 22–23

O

objetivos, 9, 11, 27, 82
originalidade, 13, 47
otimização, 54–55, 108–9, 166, 171
otimização de área de tela, 54–55

P

palavras-chave, 23, 162
parâmetros, 12, 31, 56
PC, 39, 149
PDFs, 57, 122, 162
periódicos, 13
personalidade, 20, 116, 118
personalização, 32–39, 62, 69
pesquisa, 11, 66, 120, 124
pesquisas de emprego, 30
pesquisas no Google, 17, 23
Photoshop, 59, 65, 81–82, 111–13
pixels, 54–55
PNGs, 32, 108
portfólios online gratuitos, 30–35
prazos finais, 65, 105, 146
preparação, 32, 105, 156, 167–69
Presentation Layer Development (PLD), 58
primeiras impressões, 14, 28, 80
profissionalismo, 13, 24–25, 29, 31, 34, 47, 116, 118, 121–22, 129–30
profundidade, 32
projetos pessoais, 23, 31, 96, 101, 104–7, 166
protótipos, 43, 55, 66, 82–83, 93
público alvo, 11–14, 28–29, 54, 70–71, 83, 100, 130, 148, 150–53, 162
pular introdução, 29

Q

questões jurídicas, 128–43

R

rackspace.com, 68
redbubble.com, 38
redes sociais, 18, 31, 36–38, 98, 170
rejeição, 9, 168
relatórios anuais, 13
resolução, 109, 112, 184–85
responsabilização, 13
revisão, 20, 52, 121
rolagem horizontal, 40, 43, 54–55
rollovers, 29

S

Safari, 58, 149
scanners, 112–13
Search Engine Optimization (SEO), 23, 60
search.twitter.com, 73, 170

serviços de hospedagem, 30, 34–35, 68–69, 127, 131
serviços especiais, 34
serviços profissionais de portfólio, 31, 34–35
setor, 11–13, 31, 81, 151, 153
sistema de mensagens, 15, 20–21, 70
sites de largura fixa, 55
sites de largura variável, 55
Skype, 157
soluções temporárias, 30–31
stop-motion, 93
storyboards, 66

T

táticas inteligentes, 8
techsmith.com, 73, 95
temas, 26, 51
thefwa.com, 61, 73
TIFFs, 108, 184
tipografia, 21, 25, 28, 32, 45, 52, 56, 72, 100, 167
títulos de projeto, 22–23, 52–53, 119, 158
topcoder.com/direct, 66
trabalho editorial, 13
trabalho em andamento, 93
trabalho *freelance*, 19, 21
tráfego orgânico, 7, 19, 23
tumblr.com, 35, 39, 171
tutoriais, 94–95, 105, 114–15

U

upload, 33, 38, 62, 149, 180–81
usabilidade, 51, 56–57, 62, 71, 102, 146, 149
uso aceitável (*fair use/fair dealing*), 134–35

V

vídeos, 28, 60–63, 93, 95, 114–15, 162, 184
vimeo.com, 62, 73
vincos, 43, 54
visualização via rolagem, 40, 42–43, 47, 54, 93, 97, 166

W

Windows, 39, 69
wordpress.com, 39, 171, 180
WYSIWYG, 59

X

XHTML, 57–59, 62, 68–69, 82

Y

YouTube, 62

191

Agradecimentos

Agradeço à equipe de criação na Amnesia Razorfish em Sydney, Austrália, pelo incentivo, perícia, recursos e perspectivas. Também quero agradecer aos meus colegas no Reino Unido — Isheeta Mustafi por me encontrar e dar a oportunidade de escrever este livro, a Tony Seddon por fornecer a hábil direção de arte que deu vida às páginas e, especialmente, à minha editora, Nicola Hodgson, pela orientação e discernimento. Também quero agradecer à minha esposa Kirsty pelo suporte e feedback construtivos. Este livro é dedicado a meu pai, Ron Clazie.

Sobre o autor

Ian Clazie trabalhou como designer interativo e diretor de arte em Sydney e São Francisco por quinze anos. Depois de estudar ilustração e design gráfico na RISD e no Art Center no início da década de 1990, ele começou sua carreira em Web design no Vale do Silício durante o período de formação da rede mundial de computadores. Ao longo da carreira, trabalhou em projetos tão diversos como um premiado diário de viagem de bicicleta para o site oficial da Disney na China. Recentemente, gerenciou o departamento de criação da Razorfish Austrália, onde dirigiu projetos de design digital para empresas como Pepsi, Ikea, Xbox, P&O Cruises e Johnnie Walker. Agora, em São Francisco, Ian se especializa no design da experiência do usuário, design visual, arquitetura da informação, direção de design e, claro, análise de portfólios.